◎卢钟鸣（服装探秘）著

服装生意
赚钱的秘密

东华大学出版社
·上海·

图书在版编目 (CIP) 数据

服装生意赚钱的秘密 / 服装探秘著. —上海：东华大学出版社，2015.10
ISBN 978-7-5669-0893-3

I. ①服… II. ①服… III. ①服装—商店—商业经营 IV. ① F717.5

中国版本图书馆 CIP 数据核字（2015）第 206563 号

责任编辑　库东方
封面设计　魏依东

服装生意赚钱的秘密
FUZHUANG SHENGYI ZHUANQIAN DE MIMI

卢钟鸣（服装探秘）　著

出　　　版：东华大学出版社（上海市延安西路1882号，200051）
本 社 网 址：http://www.dhupress.net
天猫旗舰店：http://dhdx.tmall.com
营 销 中 心：021-62193056　62373056　62379558
印　　　刷：句容市排印厂
开　　　本：787mm×1092mm　1/16
印　　　张：14.5
字　　　数：240千字
版　　　次：2015年10月第1版　2020年12月第3次印刷
书　　　号：ISBN 978-7-5669-0893-3
定　　　价：39.00元

目 录

序 / 1

行话术语 / 8

第 1 章 你们当中谁摆摊，都要比别人站得高看得远 / 13

1 小地摊大世界，一个普通地摊也能月赚 10 万元 / 14

2 这些移动式地摊的经验使他的业绩比普通地摊高数倍 / 20

3 地摊联盟互相合作的方式主要有哪几种？ / 26

4 经营不成功的地摊过多，会影响连锁地摊的进一步拓展 / 28

5 经营阶段性地摊的人相比于不堪重负的店主，是快乐的 / 33

6 有的临时性地摊，一次还真能赚一年的钱 / 37

7 组合型地摊充分发挥了我们的想象力 / 43

8 "服装展销会"其实就是临时性、阶段性地摊 / 48

第 2 章 当下的服装零售，真的是越做越瘦吗？ / 51

1 越来越多的实体店铺实现看图订货 / 52

2 零元理论可以反映一个店铺成熟、优质与否 / 55

3 贴牌要考虑到操作难度和个人实际情况 / 59

4 弱关系与强关系，微品牌与传统品牌有着根本的区别 / 65

5 把摆摊做成光艳、冠冕堂皇的"名品折扣特卖会" / 71

6 大卖场走过了它的黄金时期，但用心做还是有钱赚 / 74

7 大的工厂店有几千平方米，装修得跟商场一样 / 81

8 品牌折扣的几种操作模式及最新的经营要点 / 84

第3章 丰富多彩的商业（经营）模式 / 89

1 有的人二手服装生意也能年赚近百万 / 90
2 商机无处不在，有人专门收购商场（店）清仓货 / 93
3 他们通过什么方式快速发展加盟商？ / 96
4 衬衫工厂自产自销年赚数百万元的奥秘 / 102
5 如何利用招聘启事做营销推广？ / 105
6 只有想不到、没有做不到的贴牌和傍名牌 / 107
7 主动关店，是为了更好的转型与发展 / 112
8 "十三行买手"促进了散货界买手的发展 / 117

第4章 无店铺经营在现在和未来会表现得淋漓尽致 / 123

1 买手能否实现自己的品牌梦，我们拭目以待 / 124
2 利用互联网的平台和工具的无店铺经营 / 129
3 "自设工厂，欢迎下单"，真的都有自己的工厂吗？ / 134
4 创业没有固定的切入点，找到适合自己的最佳方式 / 136
5 从大店的亏钱到无店的赚钱 / 138
6 专注于工厂找货+QQ群拼货，做一个纯粹的无店铺经营者 / 140
7 无店铺经营月销售数十万元，客户从哪儿来？ / 145

第5章 充满着无限想象力的立体式经营 / 147

1 常见的立体式经营模式 / 148
2 实体空间的拓展，有时候边档赚的钱更多 / 153
3 "海陆空"试水服装的外贸女老板 / 156
4 以归零的心态做好立体式经营 / 160

第 6 章　批发市场的门道，会批就发？/ 163

　　1　为什么明知道上家炒货，但还是喜欢到人家那里拿货？/ 164
　　2　常在市场走，哪能不懂得炒货手法 / 166
　　3　同样都是在档口挂版，却暗藏着不同的玄机 / 171
　　4　立足二批市场，零成本进货与零压货销售 / 174
　　5　这些年，他们在批发市场里面这样卖衣服 / 177
　　6　批发市场拿货的基本规则 / 183
　　7　非常具有诱惑力的隐蔽货源渠道，如何才能找到？/ 186

第 7 章　越来越多的商家参与起货，向供应链要利润 / 191

　　1　向供应链要利润：越来越多的商家参与起货 / 192
　　2　与工厂合作的具体方式 / 197
　　3　各类货品的面料特点和生产特点 / 200
　　4　影响工价的因素有很多，工价并不是越低越好 / 205
　　5　吴先生从菜鸟到老鸟的创业历程 / 208
　　6　菜鸟邹先生入行前都做了哪些准备工作？/ 213
　　7　既没有工厂也没有档口，依然可以赚个盆满钵满 / 222

序：我倡导快乐创业的理念

（一）服装市场驾轻就熟，川妹子潇洒行天下

有一个淘宝店主QQ群，群友住的地方相隔不远。他们相约晚上有空就一起摆摊。五六个店主一起摆摊，成行成市，很快就把那块儿地的人气给做起来了。顾客购物喜欢货比三家，结果不是买这家的就是买那家的。

他们卖的大都是淘宝店的滞销款和尾货，也有人专门进地摊货来卖。有的群友暂时没有合适的货放地摊卖，也过来帮忙。一个店主的货分两个地摊，风格、面料、做工等都相同，只是大部分款式不同，一个高价卖一个低价卖。结果是卖低价的生意比卖高价的要好很多。

一般情况下，每个人都能卖出五六件衣服。生意好的群友，能卖出二三十件，甚至更多。收工后，大家一起去大排档吃夜宵，AA制，各自掏一部分赚来的钱埋单。他们每个人都在享受着创业的快乐时光。

广州十三行，是闻名全国的服装批发商圈。其中的新中国大厦是十三行商圈的代表，其3层到地下2层是档口，4层到20层是写字楼。在广东，服装批发店铺通常分为档口和写字楼两种，但如何区分，没有统一的标准。新中国大厦的档口是一个个小小的格子铺，

写字楼则是一个个用玻璃隔开的房间。而深圳的南油商圈，楼下档口的布局跟新中国大厦的写字楼一样，楼上的写字楼则是展厅，以及产品开发的地方，比较封闭，有些是玻璃墙隔断，有些不是，几乎不对外营业。

娜娜2010年在北京经营服装工厂。她初中没毕业就开始跟着表姐在服装店里做了2年学徒，2002年得知有远房亲戚在北京服装厂上班，2003年正月十一跟亲戚去北京。娜娜一直到现在都在做与服装相关的工作，算算也是老服装人了。她非常喜欢服装业的各种工作。

娜娜2011年开始在广州十三行10楼做生意，后来因老爸病重无心打理而撤档。她不甘心就这么放弃，2013年4月份在北京动物园租了档口继续打拼。因为娜娜不擅长秋冬装，8月份又撤档了。当时闲下来没事做，去了三亚散心。属于冲动型的娜娜在三亚看到有个商场招商，觉得位置不错，到三亚不到3天就拿下一个零售店，11月份才开始装修，12月末开始营业。新商场人气不好，但娜娜的店营业额还算可以，有盈利。

2014年春节，娜娜和姐姐通电话，姐姐说这样做零售还不如回北京做批发，回北京做批发也能顺带把三亚的零售店做了。娜娜又开始不甘心了，春节后再次回北京，到动物园做批发。刚开始做，版也没那么多，货也不敢备太多，连续4个月一直都赔钱。北京的工厂也要拆了，娜娜8月份又撤档了。

2014年的冬天，娜娜回郑州老家盖临街房。2015年春天后，娜娜不想放弃服装，可是好迷茫。她该何去何从呢？

娜娜找到我，谈了她的想法。我对娜娜说，你去深圳南油商圈看看。

进驻十三行的档口、写字楼，交两个月的租金作为压金，再交一个月的租金即可。其他批发市场很多是采用年交的方式,一次性支付全年的租金。十三行这种两压一租的方式,促使很多人采用打游击的方式赚钱。

很多做毛衣生意的都喜欢只做下半年的生意。他们下半年在十三行四五楼出现,签约半年。有的甚至只签约到年底,就算租金高一些也总比租一年划算。

除毛衣外,做其他品类生意的批发商也有采用打游击的方式。有的人只做开春几个月的生意,因为这是十三行的最旺季。做完这几个月,他们就把档口转租出去。他们只打自己擅长货品的游击战。

最近发现有的人打更短期的游击战。十三行的生意越来越难做,一些新手的档口没生意,越往里投钱越亏,想转租又租不出去。于是出现了临租的方式,就是10天为一个单位的租期,租金极为便宜,几百元一天即可,仅为原来租金的1/3左右。

一些老手和档口签这样的短期合约。但是,如果签约档口有人接手了,他们就必须马上搬走。这些老手为了应对这种情况发生,会陆续签下后面日期的临租档口。这样,这些老手用别人一半的钱都不到,连续地在十三行租档口卖货。

有一个"85后"的川妹子,没有念过大学,最初是在十三行做小妹,两年内将市场的门道摸得一清二楚,就自己做老板了。在广东,一般称女孩为"小妹"。在服装批发市场和零售店铺,年轻的女导购都称为"小妹"。

做小妹这两年她省吃俭用,另外再借点钱,接着租个半档,自己起货卖。那时候的租金也不贵,全档也就是2~3万元/月,半档则是1~1.5万元/月。两压一租,在档口上投入3—4.5万元,再加上投入货品的几万元,即可创业了。

档口小妹都有足够的客户资源,抓住了批发生意的"版+供应链"的核心,相当一部分人能在两三年内蜕变成为百万富姐、千万富姐。为此,行业内的人总是不厌其烦地说十三行美女如云,豪车如云。

一个湖北籍的小妹妹,才17岁,她的QQ签名是"一年之后实现我的路虎梦",霸气得很。她家族所有的成员不是在十三行开档,就是经营服装工厂的,按道理家里人帮她买一辆路虎也不是难事,但这个小妹妹就是要自己开档口卖衣服赚钱。与这个小妹妹有所不同的是,川妹子从小妹做起,白手起家,在批发市场混得驾轻就熟,潇洒行天下。

川妹子在档口打拼两年,赚到了不少钱。接着到写字楼做,这个时候的川妹子,是打版渠道畅通,客户渠道畅通,工厂渠道畅通的"三通"人物,生意一样做得顺风顺水。

假如写字楼的租金是6万元/月,川妹子签6个月的合同,从2月做到7月。其中6月和7月是淡季做不出什么业绩,川妹子认为这两个月辛辛苦苦守店,还要亏上一点钱,就干脆把它退掉。最坏的打算就是12万元的押金不要了。这段时间,她很潇洒地到各地旅游去。

到了8月,川妹子有可能重新回到十三行做冬装。反正客户资源、工厂资源都在,因为她的版好,生意好,大家都愿意和她合作。

旺季出山,淡季旅游,川妹子就这么过了两年。到第三年,她改变策略,说做一批太辛苦,自己找版,自己起货,起早贪黑的,不如二批炒现货来得舒服。于是,她在2011年夏天去成都做二批了。

这个二批做得确实轻松,因为下单的话有广州工厂配合,炒货的话有十三行之前的友好姐妹支持。在成都,她只需要租一个档口而已。不过,轻松归轻松,就是赚钱不多。几个月之后,她跟成都说再见了。

原以为川妹子会回到广州继续做一批。没想到在秋天,她选择在北京一口气拿下两个档口。具体操作还是沿用成都的套路。

（二）高谈阔论旅游地摊，创业路上广交伙伴

曾在新中国大厦的写字楼做过服装批发的刘先生，喜欢旅行。前几年，他骑自行车从云南的察瓦龙经洛拉山脉到达西藏察隅。2010年夏天，他利用批发淡季的时间，一个人又到川藏地区游玩一个多月。

我跟刘先生海阔天空地谈论旅游，并由此联想到服装的"旅游地摊"——

我和刘先生合作。他在广州组货供货，我则云游祖国各地，每到一个地方，先摆摊赚钱，后游山玩水。打个比方，我计划4月份的第一周到云南昆明，那么，他提前帮我发一大包衣服到昆明去。当然，这些衣服要适合在当地卖。我在昆明摆地摊，衣服卖完或卖得差不多，就将赚来的钱消费，包括游览当地的特色景点。

购物和游玩等都非常节省，赚得多的时候要存起一部分钱，以备在某个城市摆摊生意不好时作为补贴。

接着，我4月份第二周的旅行目的地是四川成都，刘先生再提前帮我发一大包衣服到成都……基于这样的合作，我的旅行计划或许会排满一年。

实施这个计划之前，我会在诸如天涯一样有影响力的论坛上发帖，以及在各个旅行目的地的本地论坛发帖。帖子上留下自己的QQ号、微信号，以方便关注我这次出行，以及关注我摆摊的网友加我。就像我在天涯杂谈发"服装市场探秘"帖一样，6年的时间吸引了超过5万的网友加我的QQ。

各地志趣相投的网友加我的QQ、微信，然后加到系列群里面，我们相互交流。网友会告诉我各地的地摊夜市情况，告诉我什么服装更好卖。或许有网友会欢迎我到他家住下来，这样我会省下一笔住宿的开支。更重要的是，当地的网友和我一起摆摊，我走了之后，他还在摆摊，这样我在每一个地方都不会压货。而且，他们将来的货品都由我的合作伙伴刘先生来提供。一年下来，由刘先生供货的地摊可能会有三四十家。

乐观一些，刘先生供货的地摊或许会更多，甚至有可能是数百家。这是一个全新的模式，我走过的地方做过的事情都有图有真相，通过不断地在朋

友圈秀，不断地做帖子推广，全国各地都会有朋友找刘先生供货。

刘先生可以选择在QQ群空间和朋友圈上传产品图片，也可以选择到阿里巴巴、酷有拿货网等开网上店铺，供大家选款下单。刘先生因此成为了一个成功的网商、微商。而我可以运营一个公众号，把我旅游、摆摊的心得体会，把各地摆摊网友的甜酸苦辣用文字记录下来，供更多的网友分享，让更多的网友参与。

一不小心，我还有可能会成为自媒体名人。其实最重要的是，我云游四方，结识全国各地的网友，一起参与地摊连锁，快乐地创业。

> 服装创业，与时尚为伴。很多人是因为喜欢服装而创业。实际情况是，很多店主因生意不好而闷闷不乐，甚至痛苦不堪。
>
> 服装生意，不管市道如何，总有人做得好，有人做得不好。包括摆摊的、开小店的、做电商的、做批发的、做零售的、做品牌的、卖散货的，所有的服装人，不管是因喜欢服装而创业，还是想赚钱而创业，如果说你卖的不是服装，而是人生的态度和对生活的一种感悟，那又是一种什么样的状态呢？
>
> 摆客中国网有一句话："摆客是摆地摊的，但并非所有摆摊的人都能成为摆客，摆客是一种态度。"
>
> 很多摆客无论生意好坏，都快乐地享受摆地摊的过程——
>
> 奇祁怪怪（网名，下同）：如果大学生、白领都集体专职摆摊，大学就都白上了，不如小学出来卖红薯。我工作不辛苦，闲散时间多，想想成天出去花钱，不如自己去赚钱。摆摊赚钱不是唯一目的，没有赚头但又万万不可。
>
> 兜兜七月：婚后一直宅在家就没工作过，说真的，也没啥朋友。开始摆摊生活之后，认识很多朋友，虽然很累，但是很惬意，比在电脑面前上网强多了。每天上网脖子疼啊，现在不疼了，还能赚点小钱。

申小兔：前段时间我和弟弟摆摊，挣了挺多钱，每天都处在赚钱的激动状态中。和弟弟商量，让他以后也不要上班了，专职摆摊，赚的钱比上班还多。这几天慢慢平静下来，觉得不能以地摊为生。摆摊学到的东西毕竟有限。不能这样子过一生，虽然去公司工作是为别人打工，但是从中学到的东西还是很珍贵的。

极地户外：摆摊对我来说只是释放工作压力的一种方法罢了，能在摆摊的过程中和你的顾客讨价还价还是蛮开心的，还能结交好多朋友。

地摊书生：摆摊紧靠现在的绿色低碳主题，可以晒晒太阳补补钙。切记，摆摊可以作为一种增长生活阅历的手段，最好不要把它当成你主要的谋生工作。

摆客确实洒脱。但仍有相当一部分人摆摊是为了谋生。希望他们早日成为摆客一族，并寻找到适合于自己的服装生意和发展道路。

行话术语

这些行话你要懂——

版和版型：版只是一个样子，即一个款式，由设计师设计出来；打版师把设计变为现实，具体的尺寸由他来掌握，打版出来的效果就是版型。

版和款式：一般行内人士称为"版"，行外人士称为"款式"。版只是服装的样子，主要指设计和面辅料使用上的不同；而款式除了设计和面辅料元素外，对花色、颜色的表达也更为明确一些。

爆版：指比较好卖的、畅销的版。正因为如此，所以到了批发市场听得最多的就是"爆版"这两个字，大多数档口小妹会把自己家的衣服都说成爆版向客人推荐。

补货与补单：补货是指换季上新货之后的后续进货，包括补好销的旧版货和上新版货。补单一般是一批跟工厂下单做好销的旧版货，也称作返单或翻单。

炒货：经销不是自己工厂生产，或不是自己到工厂下单生产的货品，叫炒货。

控货：是指控制货品的市场流向，主要是防止某个区域内出现两个或两个以上的经销商，避免相互压价等恶性竞争。此外，也有的批发商是为了最大程度上避免被人抄版的情况发生。

窜货：是指没有控货、或控货不严的炒货。

吊牌：挂在衣服上面的纸牌或铁皮牌子，内容有企业以及品牌、服装的信息，如品牌的注册号、合格证、价格、条形码、品质承诺及退换条件等，有的还有形象代言人。

吊牌价：吊牌上面的价格，有的是出厂就有，有的是经销商贴上去的。

仿版：俗称抄版。就是拿别人卖的款式，自己下单生产出来销售。

仿牌：盗用或模仿别人的商标。按其货品与原品牌接近的程度，一般分为精仿（或称为一比一仿）、高仿、中仿和低仿，与之相对应的说法是，超A货、A货、B货、C货等。

混批：不同的版、不同颜色、不同码数的货混合在一起批发、进货。

打包：拿货量大的进货。有的批发商只做打包客的生意，量小了不批发。

拿货：拿货量小的进货。打包与拿货在量和价格上的区分没有统一的标准。

扣点：主要是指商场对专柜营业额的提成的百分比。

库存货：压在仓库里面的货，有可能是尾货，也有可能是整批的货，因各种原因没有正常出货。

跨季换货：跨季度换货，比如说拿春夏季卖不掉的货跟上家换秋冬季的新货，拿秋冬季卖不掉的货跟上家换春夏季的新货。

唛：也叫唛头，有主唛、码唛、袖唛、洗水唛之分。主唛一般缝在后领中间，也有贴的或印的，有衣服的中文名、字母或LOGO；码唛有的跟主唛合二为一，有的缝在主唛旁边，有的缝在衣服腰部位置；袖唛，顾名思义，就是缝在袖口旁边，内容跟主唛一样；洗水唛一般缝在腰部，厂家用来标注服装的款式货号、面辅料成分、规格尺寸以及执行标准、安全类别、洗涤标准，等等。

齐色齐码：一般服装每个版会做两个色、两个码以上，采购时一个版拿完所有的色和码叫齐色齐码。

散货：也可以说是大路货。更精确一些，散货相对于品牌专卖而言，散货还可以包括组合经营的品牌，而且所经营的品牌并非一定是加盟性质的。

贴牌：制衣厂生产衣服，贴上别人的牌子；委托制衣厂生产，然后贴上自己的牌子；很多大路货没有唛和吊牌，经销商自己把唛和吊牌放上去；经销商把衣服上的唛和吊牌去掉，换上自己的。

大路货：主要是指中低档的，不走加盟，走批发路线的服装产品。大部分大路货没有注册商标。

档口：精确一点是指格子铺，即一个个间隔开来的摊位、柜台。但在广东，对一间间的店铺也有很多人习惯称之为档口。

外贸服装跟单货：工厂擅自跟着外贸服装原单货做出来的货品。因为不少工厂做外贸服装是包工包料的，所以有的跟单货在面辅料和做工方面与原单货完全一致。

外贸服装原单货：就是工厂生产的外贸服装的正品及其尾货。

外贸货：特指在国内非正常渠道销售的外国服装，而非指走正常渠道的外贸服装。

尾货：卖剩的货和工厂出货剩下的货，统称尾货。下架货也是尾货的一种。

下架货：就是从货架上撤下来，另外处理的货品。

品牌折扣：常指品牌的库存尾货。

一批：一级批发商。具体是指自己生产或自己下单生产，或总代理之类的批发商。

二批：从一级批发商处炒货回来转手批发出去的商人。

一手（货）：指一个版（色）的码数都各拿一件货品，两手（货）就是指一个版（色）的码数都各拿两件货品，以此类推。

杂款：指库存尾货的一批货里有很多种款式，且色不齐、码不齐。

分份：主要是指品牌折扣、库存尾货等，根据款式、码数、瑕疵等情况，按不同比例一包包装好，以包为单位批发。大多数分份货为杂款、杂码，也有小部分整款、齐色齐码或均码。

撞款：即大家卖一样的货。撞款经常会因为彼此价格不一，造成价高者的顾客流失，极容易引起相互间压价的恶性竞争。

小弟：主要工作是在档口协助小妹配货、打包，包括仓库配货、送货。

年龄范围大都在17~30岁，是广州服装市场通用的一种称谓。

工仔：主要工作是帮助物流公司，或者固定的二批，到市场的档口收发货，业余时间帮助档口拉包赚取费用。年龄范围大都在35~50岁。

第 1 章

你们当中谁摆摊,都要比别人站得高看得远

1

小地摊大世界，一个普通地摊也能月赚10万元

地摊分为普通地摊、移动式地摊、地摊连锁、地摊联盟、阶段性地摊、临时性地摊、组合型地摊等。

地摊不会因为普通，赚的钱就少。我经常提到的山东李大姐，2009年4月18日1000元摆地摊起步，没有任何追加投资，仅一年多的时间就发展到三个实体店铺。2009年9~10月，这两个月她摆地摊净赚20万元。我将李大姐的案例在天涯论坛上晒出来，有一个网友说这是个大忽悠。他认为一个地摊卖衣服赚不了多少钱，一天从早到晚卖出的衣服是有限的。

在服装创业商学院培训班，每次讲到服装创业模式时，我都会说："视野决定高度。你们当中谁摆摊，都要比别人站得高，看得远。"接着我会问学员："谁摆过摊，说说情况？"往往三四期当中就会有一两个学员说他们摆摊的最佳业绩是多少个小时赚了多少钱。有的三两个小时赚三四千元，有的一天赚一万多元……

有更多的像李大姐一样摆摊创业的人，认识和了解他们卖多高价格的单品，如何通过陈列来提高业绩，有多少个连锁地摊，赚了多少钱，就不会说出"大忽悠"这样的话。我将用一个个真实的案例来说明"小地摊，大世界"。

2009年8月下旬，李大姐从东莞雅绮服饰有限公司进了5000

第1章
你们当中谁摆摊，都要比别人站得高看得远

元的外贸库存毛衣，9月份补货2.5万元。在其他批发商家，她也进了一些货。进货价大都是几元、十几元，少量二三十元的毛衣，她卖38—98元不等，部分货品卖到100元以上。恰逢换季，李大姐的地摊营业额平均每天达5000~6000元。算一算，一个月下来，她的纯利必在10万元以上。

一个人、一个铁架子的地摊，能月赚10万元，有什么奥秘呢？《服装旺店的秘密》里介绍了李大姐的创业历程，这里不再啰嗦。我简明扼要地总结几点她成功的原因——货品及价格的优势、选址、时间节点、销售能力。

（1）货品及价格的优势。2009年，品质不错的外贸库存毛（针）织几元、十几元就能拿到货。放到2015年，这样的货这样的价格还有，但很难找到了。

（2）选址。李大姐住在城市区域商业中心的高层住宅楼，摊点就设在楼下商场前面的广场。摊点隔一条马路的对面有12家服装品牌专卖店，有着非常丰富的有消费能力的顾客资源。

（3）时间节点。9~10月正逢换季，是毛衣热卖的时候。

（4）销售能力。李大姐会吆喝，销售话术水平高。吆喝，是摆摊的最基本要求。对面专卖店走出来的顾客，十有六七会被大姐吆喝过来看货。

冰冻三尺非一日之寒，水滴石穿非一日之功。李大姐的业绩能在9~10月爆发出来，跟她之前大半年的付出存在着必然的关系。

（1）在百度输入与服装有关的关键词——服装市场、服装批发、服装创业、女装市场、外贸服装、库存尾货等，都有海量的服装资讯、货源信息。将搜集来的资讯和信息进行筛选、分类和对比，将目标货品与淘宝网上同类货品进行比价，基本确定批发商的靠谱程度。

李大姐就是在网上搜索到我在天涯杂谈的"服装市场探秘"帖，得知2009年8月15日我在深圳举办服装创业交流会。李大姐过来参加会议，在会上认识了东莞雅绮服饰有限公司的刘总，然后就去刘总那里进货。雅绮公司在2013年由外贸库存经营转型为淘品牌供应商之前，一直都是李大姐的供应商。

（2）做好外出采购计划。哪天到哪个城市，要看哪几家档口，准备进哪些货品，具体的乘车路线以及住宿地点等，都在出行前几天在网上搜索出来，然后对比确定。在广州住30元一晚的大通铺，在东莞住在雅绮公司的员工宿舍，在深圳住在亲戚家。李大姐每次采购都十天八天的，住宿费省了不少。这样，她慢慢地逛市场也就没有了差旅费方面的压力。

每次出行采购，李大姐都有开发新供应商的计划。她有几家一直保持合作的供应商，平时通个电话，他们就发货过来。同时，她也会淘汰一些合作过的供应商。

后来，李大姐开多家实体店铺，货品需求量变大，但她每次逛市场一天下来极少超过1万元的进货量。这虽是后话，但说明了大姐进货非常细心、谨慎。

（3）吃苦耐劳。2010年8月，李大姐作为嘉宾应邀参加服装创业商学院第一届同学会。我在会上讲，希望她来广东打货能尽快坐上软卧，坐上飞机。创业之初，李大姐每次到广东进货来回坐火车买的都是硬座票，她不是没有钱，她是想体验仅凭1000元摆摊的创业历程，并坚信吃苦耐劳是创业的根本。

（4）坚守价格体系。顾客还价，第一步打9折，第二步去掉尾数。最后不再让步，即使放弃成交也不让步。

（5）近半年摆摊的经验积累和客户积累。

李大姐强调，她摆摊只是一个过渡，目的是为日后发展实体店铺连锁经营积累经验。

摆摊半年多的时间，她成功地转型到实体店铺经营，很快就拿下了3个实体店铺。到目前为止，店铺的会员做到了上万个。2014年，3个小店的营业额突破了300万元。2015年4个小店（2014年8月底又开了一个）的营业额目标是500万元以上。

从2012年起，李大姐平均每个月来一次广东进货，每次都是坐飞机来回。那时，她说："这才是起步，再过两年，把报表传给你，看看到时能走多远。

第1章
你们当中谁摆摊，都要比别人站得高看得远

在服装业年年喊难做时，我要证明服装生意白手（1000元）也能起家。"

"90后"小婧，2011年毕业，在深圳某公司做销售兼助理，加上提成税后收入平均8000多元/月，2013年6月合同到期不打算续约，在离职前利用业余时间摆摊，为将来从事服装批发做准备。

2012年10月，小婧进入了人生的一个低谷，身上现金仅70元，欠信用卡6000多元，欠朋友1.2万元。小婧同南油服装批发商圈的一个老乡聊起了她的困境，老乡问她需要多少钱。小婧说不能再欠债了。正好，老乡店里有一批因客户取消订单而造成积压的兔绒、貂绒毛衣，问小婧有没有兴趣摆摊，帮忙清货。于是，小婧正式入行。

第一批货拿了25件毛衣，拿货价35元/件。11月1日在下班后正式带着竿子和拉车开始摆摊。第一天三个小时，卖了几件，一共赚了90元。随后向老乡反映毛衣不是很好卖，老乡让小婧第二天中午去拿一些丝巾配着卖。

结果，丝巾成了非常抢手的货品。后来小婧把地摊摆到她们小区楼下的地铁口（宝安体育馆），目标客户主要是白领和住同一小区的有钱人，她们不缺钱，爱送礼。11月，摆摊20天，光卖丝巾就赚了1.8万元。2013年1月摆摊半个月，赚2万多元。

摆摊要抢地盘，小婧每次都是收摊后才能吃上晚饭。此外，还经常被城管撵走。还好，城管只撵走人，不没收货品。摆摊时间长了，积累了一些客户，在小婧没有出摊的时候，有一些客户会打电话约好上门选购。

春节后的生意淡了很多，对小婧的销售是一次考验。有一条裙子，开始卖220元没人要，还有人还价150元。小婧认为，这不是货的问题，关键是遇到对的人，所以她的价格一直都是守得很紧。人对了，喊价280元，并强调不讲价，对方立马掏钱拿走。

摆摊也挑客户，有时宁愿不卖。但凡客户买过了，就是"死忠"

那种。不过，小婧对待每个人都很礼貌。这是基本原则，就算做不成生意，也要让对方了解到自己只卖好东西。给对方介绍一番货品之后，给她明确的信息，要便宜的，不要找我。

小婧曾经去过别的地方摆过几次，但效果不佳。小婧每天都说有新款，每天来看的人都不同，对他们来说都是新款。每个款的包就一个，卖完就没了。很多客户第二天来，要不到了。慢慢地，客户看中了的货品就会马上成交。

3月15日，小婧卖了个包，价格2300元。3月25日，小婧现金收入869元，刷卡收入751元。小婧摆摊带着移动POS机。

如果说李大姐是单杆摆摊盈利的典范，那么小婧就是摆摊高价卖服饰的榜样。

陈列搭配培训讲师筱韵说，销售其实是心理学，陈列搭配也都是心理学。首先，摆摊的人不要穿得像摆摊的，要穿得比较好。说自家的东西是店里的下架货，先让客户认可自己，那么也就认可货品了。一般能买得起好货的人是不贪便宜的，会被摊主本人先吸引。所以三分货七分卖是有道理的。

2012年10月，筱韵在北京卖了一个月义乌的围巾。就在武圣路那个夜市，下了班就去摆，一个月下来有8000元的利润，营业额平均400元/天左右，利润250元/天以上。

筱韵说，围巾用绳子在两棵树中间挂起来，挂的时候分区，有便宜的有贵的，其实进价都差不多。假如没有分区，就算是挂一排都是贵的，边上的同行如果都是卖15元，那么自己也得卖15元。有了分区，顾客还价的话，筱韵就告诉顾客差不多的价位也有，要好的就是一分价钱一分货。

摆摊的人很多，筱韵就这样，差不多价格进的货，有的卖20元，有的卖40元，做与其他同行不一样的营销。

关于陈列搭配，在大多数服装店主的眼里，似乎是只有实体店铺或品牌才需要。2011年12月，筱韵带着服装梦离开了工作近三年的银行，独自背包旅游了数十个城市，那段经历对于她今天的成长起着不可忽略的作用，了解不同地区的差异是一个专业的陈列搭配师需要具备的素质。

在义乌，筱韵看到了陶瓷配饰和其他首饰零件等很多有特色的商品，要了很多名片。回到广州，筱韵就把名片找出来打电话进货。

筱韵进了两种类型的陶瓷项链，一种是陶釉，做旧的感觉非常独特；一种是传统青花瓷。第一天摆摊卖得不好，单个陶瓷散着摆放显得很杂乱，只卖掉三个；青花瓷客人不是嫌大，就是不知道怎么戴，不好配衣服，一个都没有卖出去。

于是，筱韵开始研究货品。她把同款不同色的陶釉，或者干脆同款的陶釉都搭配成对销售，如果来的是小情侣就介绍说可以做情侣链，如果是妈妈带小孩就介绍说能做子母链，如果是一对小姐妹就让她们买了做纪念，闺蜜嘛。这样调整以后，一个下午就卖掉至少十对，很少有单个卖的。

对于青花瓷，筱韵把相同花色不同形状的瓷片挑出来，拆开包装后用竹筐成套摆出来。成套摆在竹筐里的概念是收藏摆件，其余单一的还是做项链卖。第一天卖掉了一个四件套，顾客非常喜欢，不还价，因为看上去很昂贵，非常精致。第二天有个阿姨一下子买了两套，一共11个。之后每天都是成套销售，极少有单个卖出的，还带动了其他货品的销售。

2 这些移动式地摊的经验使他的业绩比普通地摊高数倍

2011年下半年，我又发现一个较为典型的地摊创业案例。案例的主人公叫小新，是服装创业商学院的学员，一个20来岁的小伙子。他把摆摊看作是一个学习和积累的过程，他的理想是将来经营自有品牌。

小新在2011年8—11月摆的是普通的单个地摊。他跟山东李大姐有所区别的是，李大姐的地摊是固定的一个点，而小新的地摊有很多个点轮换，属移动式地摊。

移动式地摊，即不固定在某一个地方摆摊。轿车、面包车、小货车、电动三轮车、脚踏三轮车等，都可以成为移动式地摊的交通工具。

非标准化产品可以通过移动式地摊来解决货品更新的问题，标准化的产品和半标准化的产品更是要通过移动式地摊来保持稳定的销售业绩。在不同的地方摆摊，可以避免因地点固定而造成空间无法突破、销售日渐疲软的现象。

小新总结出一些经验，这些经验使他的地摊比普通地摊的营业额高数倍：

（1）摊位一定要大，最好有7米左右长度。工具配置：5~7米的可折叠架子，架子上铺木板，设计一个1.2米×0.8米的手持轻材质广告牌，另外配3只40W日光灯、收纳箱和收纳袋若干个及一辆东风小康面包车。

（2）人员配备：一个人举广告牌吆喝，一个人收银兼导购，一个人专职导购，共三个人。

（3）货品为国内运动休闲品牌的原单库存，知名度高，利润空间比较大，消费人群年龄跨度大。中年妇女对很多国外服装品牌毫无认识，但对国内大众品牌耳熟能详。

（4）消费人群定位：原以为第一主流消费人群是大学生，但大学生都追求新款，并且大多数大学生对地摊货不感冒；第二消费人群是中年妇女，她们有一定的品牌认知，喜欢购买性价比高的衣服，基本款不容易过时，价格相对于专卖店较实惠。她们时间充裕，生活有规律。综合考虑，放弃大学生市场，选择中年妇女市场。

（5）摆摊的地段：中年妇女集中出入的地方在菜市场周边。菜市场的规模从侧面能反映出当地的居民人数和消费能力，像猪肉摊至少8个、水果摊至少四五个的社区，在这样的区域摆摊更容易达到理想的营业额。经过测试，水果摊有卖金枕榴莲的社区，地摊日营业额没有少于8000元的。因为金枕榴莲卖得相对较贵，说明该社区的购买力不错。

（6）地摊的踩点：确定大部分消费群体的出行时间，早上或上午从几点几分开始到几点几分结束，下午或晚上从几点几分开始到几点几分结束。

接送小孩上学放学，顺带买菜，以及饭后散步是他们出行较为集中的时候。所以，大部分日子都会选择早市、午市或夜市一起做。早市竞争少，夜市有竞争，但与其他摊位的货品相比，自己的货品有一定的优势。

每个地摊点的目标消费群体是一致的，但各个点的购买力和购买的主体货品是不同的，弄清楚社区的总体环境就可以有针对性地备货，购买潜力大的摊点就多备些好货。

（7）摆摊的周期：通过踩点选定至少10个点作为地摊经营场所，每个点摆摊不超过3天，至少隔20天再回来一次。精准一点儿说，小新摆的是周期性移动式地摊。那些中年妇女是最忠诚的消费者，是最佳的口碑传播者，她们觉得货好，就盼望着下一次地摊的到来。

我将货源渠道分为常规渠道、特殊渠道、隐蔽渠道三种。小新的货源渠道较为隐蔽，一般人都不知道，这是小新的核心竞争力所在。但实践证明，一样的货，不同的人操作，结果绝对不一样。小新利用他的货源渠道，供货给下家，发展了多家地摊连锁，其中有广州本市的，也有广东省外的。虽然说大部分下家的生意都不算差，但比起小新来还是有很大的差距。

广西的莫先生是我了解到的唯一一个在某个时间段内，销售业绩超过小新的。

莫先生2008年进入服装行业，做运动服装加工及批发、零售。凡事都有高峰低谷，2010年足球世界杯过后，整个行业的销售直线下降。莫先生为此走访数十个国内外的服装贸易市场，生意逐步回到正轨，但他还是清楚地看到了所在领域即将会走向没落，于是他重新寻找新的方向。

2011年底，通过服装创业商学院的平台，莫先生认识了小新。考虑到低投入高回报，抱着试水的心态，莫先生回广西，做运动休闲品牌库存的批发和摆摊零售。第一次摆摊，莫先生开着几十万元的车，塞满货满大街窜，有时还跟一些在校大学生抢摊位。

莫先生经常是早上5点出门摆摊，晚上继续转移到夜市卖货，回到仓库补货时已经是凌晨一点多，回家洗澡休息都接近3点。他经常在沙发上睡着，当天收获的厚厚的一叠百元大钞就放在旁边的茶几上，都没空数。

因为见钱快，莫先生手下的摊点队伍也在迅速壮大。在生意最好的那段时间，单个摊点日均利润都有五六千元，个别摊点甚至更高。

可惜好景不长，不到两年功夫，卖这样货品的摊点遍地开花。有些人的货品真假掺半，甚至假货的比例更大。就这样，市场都做坏了。莫先生的摆摊生意也到了尽头。虽然如此，莫先生在这一年

第1章
你们当中谁摆摊，都要比别人站得高看得远

多的时间里还是收获颇丰。

很多人摆摊都发愁营业额何日何时才能达到1000元、2000元，对小新来说，一天的营业额低于5000元，他就会非常郁闷。小新的地摊，包括早市、夜市，秋冬季的日营业额大都超过1万元，有时甚至超过2万元，春夏季的日营业额大都是5000~10000元。他的毛利接近50%，而且卖货时都不讲价。

小新经营地摊还有很多独到的地方。他早市出摊很早，在菜市场附近那些中年妇女买菜的时候也想不到会有意外的惊喜，都会过来看，因为她们的时间比较多。小新的货品摆放也不是那么整齐，目的是让顾客慢慢挑，多逗留，聚集人气。实际观察的结果证明，她们买到好货的话，会重复多次购买，还会叫上邻居一起来购买。

广州的库存尾货市场集中在石井镇、三元里和昌岗路一带。其中石井镇是广州乃至中国最大的库存尾货商圈，目前有广大、锦东、庆丰、国大等近十个服装市场。

2011年1月份，广州的章先生到石井镇淘诸如阿迪、耐克等牌子的库存货、仿牌货。每次淘够装满一辆小面包车的货，就去各个工业区卖。一般是三两天卖完，每批货卖3万元左右。章先生的移动式地摊，20天的时间营业额达到了15万元。

有的移动式地摊，不仅限于在一个城市不同的乡镇、一个省份不同的城市间的移动，而是在全国范围内移动。

2013年，我发现了周小姐的摆摊案例，她大部分的方式方法与小新如出一辙。

周小姐原来开有五间鞋店，后来把店都转给了别人，自己依托在库存运动休闲服装货源上的优势，除了批发之外，她自己也摆摊零售。

2012年夏天，周小姐想方法找到一家大商场的店长，获准周五到周日三天在临时场地做促销，租金是友情价100元/天。

场外促销要的是噱头和气氛。一个3米×6米的货架，打着"专卖店衣服断码清货"的横幅广告，三个靓仔和小妹，一个站在凳子上看有没有人偷衣服，以及举广告牌不停地吆喝，一个导购，一个收钱。三天下来，营业额破5万元。

在一个点长久做的话，到后面就没有效果了，于是周小姐开始了在菜市场做早市，在工业区做夜市，选择几个点轮回着做。这是周期性移动式摆摊。

摆摊出业绩，货品是关键。货品有无热卖的潜力，周小姐认为要把握好几点：

（1）要价格低。既要保证定价能给顾客购买的冲动，也要保证毛利在40%左右。此外，走量的生意价格要统一，每一种货品品类最好不要超过两个定价。如果定价太多，就得浪费很多时间解答顾客的询问。

（2）要质量优。这样才能留得住老客户，并且让新客户变成老客户。

（3）要款式新。款式不能太容易过时，运动休闲服装是理想的选择之一。

（4）要定位准。根据自己的市场（地点，季节）选择不同的货品品类。

（5）要清楚了解分份货品的残次比例。3%的残次比例算是比较好的。比例再高一些，要对定价方法做出调整，尽快销售出去，回笼资金。

（6）网络进货已成为普遍现象，这就要求我们有一定的识别和判断能力。选择好的平台，了解卖家信用情况，包括各项诚信指数，以及买家的口碑相传，社区活跃度，等等。

（7）再好的货品不用心去卖一样做不出好的业绩。没人能包你赚，只要自己用心做，努力做，就算失败也是暂时的。

货品选择好了，接下来是选址。品牌尾货地摊如何选址？周小姐的经验：

（1）尽量不选择有城管限制的地方。

（2）选择集市和菜市场附近。这些地方适合早市几个小时的生意，有的要交管理费，有的要早早去占位。特别是周六、周日这两天销售高峰，一两天的生意顶平时好几天，守一个晚上占位也是必要的。如果有车，就提前把车停在那儿占位。

（3）工业区。适合晚上6点到10点的生意，一些没有加班的工厂，员工都会出来走走，而运动休闲服装正适合他们。

（4）人流量旺的小区。这些地方一般不需要交钱。当然有的小区需要与管理处的人打好交道。

（5）参加服装展销会。

摆摊如何做出火爆的销售现场？如何做到成为你顾客心目中的品牌特卖场？品牌尾货的实际操作与策划，周小姐与小新的做法大都是一样的，比如：摊点的规模要大，货品的摆放是"货卖堆山"，做周期性移动式地摊。

周小姐强调，广告语能够让摊位的人气爆增，影响并促进业绩倍增。单个摊点最好是有一个广告语；连锁地摊要统一的广告语。如"某某公司仓库各大品牌断码大清仓，不计成本"，消费者看了就会觉得是公司清仓，有实力，没有中间环节，低价，从而激发他们现场围观、购买。

3

地摊联盟互相合作的方式主要有哪几种？

小新做的是国内品牌原单库存货，无论是他自己摆摊零售，还是发展下家连锁经营，碰到的瓶颈都是货源的持续稳定供给。库存货有一单没一单的，没货时就没生意做。有下家提议，发展连锁的话，小新最好是专注于寻找货源，如果他仍然摆摊，在货源短缺的情况下，会考虑优先自己零售，从而影响到下家。

如果货源能够稳定供给，对小新和他的下家来说，都是大好事。2011年12月，小新费大力气预订了2万件短袖运动休闲T恤，他给样版拍照后，将相片传给下家，实行订货制。小新的地摊连锁实行订货制，虽不能说是绝无仅有，但也称得上是新鲜少见。

订货制是基于自己把货全包下来。2012年2月，为了更好地取得优质资源，小新不得不考虑拼货。他找到一家工厂，那里有6万件运动休闲品牌的库存，但全包需要100万元的资金。小新一下子拿不出这笔资金。就算当时他的三个人的团队能全包这批货，但是他们已有的渠道也无法保证能及时分销掉。

小新开始了地摊连锁和拼货两条腿走路。他有意识地结交更多有兴趣做同类型货品的有实力的地摊人。2012年4月，小新成功组织了一次拼货，一次性"吃掉"5000件沙滩裤。虽然拼货的单品利润只有1元左右，但他的货源渠道和分销渠道更顺畅了。像这样的拼货机会，小新还会有很多。

小新和众多地摊人拼货，是地摊联盟的一种表现形式。地摊联盟是几个、几十个，甚至上百个摆摊的人结盟。他们互相合作，主要有以下几种方式：

（1）拼货。一起去市场采购，以批量进货来取得最优惠价格。批量库存全清的价格与零批的价格往往相差悬殊，全清可以取得最优惠价格。有些库存是不零批的，唯有大家拼货全清才可以拿到手。

（2）大家在一条街上摆摊卖服装，营造出市场的气氛，彼此也有个照应。

（3）可以在不同的街上摆摊卖服装，互相调货，或货品互通有无。

（4）也可以在一条街上摆不一样的货品，有的摆服装，有的摆饰品，甚至有的摆小吃等。

4

经营不成功的地摊过多，会影响连锁地摊的进一步拓展

小新初期拓展加盟，只要愿意摆摊就可以进货去卖。这是简单的复制，实际的结果是做得好做得坏的都有。虽然是一样的货，但是：

- 在不同的地方销售，结果会不一样；
- 不同的人销售，结果会不一样；
- 同一个地方同样的人卖，时间不同，面对的消费群体不同，销售结果也会不一样。

加盟不设置条件，经营不成功的地摊过多，会影响小新的进一步拓展。为此，小新对加盟连锁进行规范化的操作：

（1）人员配置至少3人。销售人员具备一定的销售能力，能促进销售的成交率。如果具有外场销售的经验，更能活跃现场气氛，促使人气聚拢。

（2）具备一定的市场考察能力。位置的好坏直接影响到当天销售额的高低。我们需要的摊点至少要保持在3~5个，一个摊点摆摊不超过3天，轮回做几个摊点。适合摆摊的区域为夜市、超市、小区、市场等附近。目标人群为26~55岁的男性和女性。

（3）吃苦耐劳。这是最基本的，也是摆摊最需要的。

（4）投入资金在1.6万元以上。摆摊做的是气氛，做的是人气，因此需要一定量的商品让客户挑选，把更多人吸引过来，把人气给做起来。

目前一包货 200 多件大概在 7000 元左右。建议第一次拿货不少于 2 包。

另外我们还需要投入的设施有：广告牌、铁架（2 米架 2 个，3 米架 1 个，组合成 7 米的架）、木板（1.2 米 × 0.6 米，12 块左右）、帐篷、灯管（4~5 只，摊位一定要保持足够的亮度，这是为了让客户看清楚货品的品质）和场地租金（如果摊位是固定的，商品的数量多，不能轻易地搬动，所以在出摊之前一定要先确定摆摊位置）。

（5）区域限制。一旦你加入了，会对你所在的地区进行区域保护，不会再提供任何货品给另一客户。让你在该地区享受独家货源。

此外：

（1）加盟前，与意向加盟方进行充分的沟通；

（2）将之前自己和加盟商摆摊的成功与失败进行总结、分析，汇整出来，形成书面资料，供意向加盟方学习、参考；

（3）加盟前，意向加盟方需要提供结合自身实际情况的详细、清晰的方案；

（4）现金发货，控制首批进货量，原则上不退换货，库存产品的瑕疵率在 6% 之内属可接受范围，超过 6% 可退货；

（5）必要时进行现场指导，实际操作不理想时进行总结、分析，或进行调整，然后再度观察，或停止合作；

（6）重点放在一线、二线、三线城市，限量拓展，争取发展一个，成功一个。

截至 2012 年 5 月，小新的连锁地摊已发展到近 40 个。基于货品供应量和连锁管理的瓶颈，小新暂停发展新的合作地摊。待解决这两大瓶颈问题之后，小新仍会继续走他的地摊连锁之路。

因为原单库存货供应不稳定，以及原单库存销售侵权的问题，小新规划着地摊之路停止的那一天，就是他经营自有品牌的开始。但事与愿违，有一次在团队另外两个成员不同意的情况下，他个人投入 10 多万元收购了一批库存尾货，货入仓库后才发现瑕疵率极高。最大的问题是小新还是利用现有的渠道把货分销下去，结果给渠道以毁灭性的打击。他们三个人的合作也因此终结。

这不是题外话，这对地摊的供应商起到一个警示作用。小新为他的急功近利付出了惨重的代价。之后，他在一个小城市租了个店铺零售运动休闲服装，一直到现在还没有缓过劲儿来。

2011年的冬天，广州出现了小新的好几个连锁地摊。2010年有网友告诉我，他的城市里一下子出现好几十辆一模一样的电动三轮车，车上载着三两个铁架子，是卖衣服用的。这也是连锁地摊，只不过是版本不一样。

电动三轮车相对于传统的铁架子、折叠床，具有摆摊地点机动灵活、活动范围广等特点。我想，应对城管也是老板采用电动三轮车的动机之一。

电动三轮车约2500元一辆，假设需要30辆，费用为7.5万元。

货品投入约3000元/辆（货品投入可大可小，现往小的算。投入大的甚至上万元），30辆车，费用9万元。加上5万元左右的仓库备货，货品总投入约14万元。

不计算其他可能产生的开支，如统一租房子给员工住，统一配备手机、周转金等，以上两项总投入约21.5万元。

电动三轮车摆摊有如下好处：

- 可以在城市不同的街道做生意。
- 可以在城市不同的工业区、在城乡结合部不同的村镇做生意。
- 既可以把铁架子从车上移到地上挂着卖衣服，也可以将衣服堆在车上，像卖场的花车一样卖特价。
- 除了卖衣服外，也方便卖其他货品。

电动三轮车摆摊，需要了解当地的相关政策，协调好社会关系。对有些人来说，关系不是问题，资金也不是问题，怎么样才能请到几个或十几个人，请到了又要让他们学会开电动三轮车,以及一系列的管理,这才是问题。尤其是员工的交通安全意识教育和交通事故的防范,以及保险的购买等,不得有失。

请人确实有难度。不熟的人,收押金人家不肯干,不收押金自己又担心货和车的安全。通常的解决办法是:

- 找熟识的人先做起来,再通过这些人介绍;
- 招本地户口或本地户口担保的人。

电动三轮车地摊连锁对普通创业者来说投资有点大。将电动三轮车改为脚踏三轮车,投资少很多。如果是传统的一个铁架子、折叠床加一袋衣服的地摊连锁,费用就更低了。铁架子、折叠床,几十块、一两百块钱的都有,加上一袋2000元左右的衣服,一个地摊的投入最多就是2000多元,十个地摊的投入最多就是两三万元。

货品方面,大不了就是自己现金采购一些现货。如果能找批发档口或库存商合作,争取不压货或少压货最好。连锁点多,量上去了,价格更有优势。

总之,生意大有大做法,小有小做法,关键是执行力。有执行力,很多预见到的和预见不到的问题都会迎刃而解。

> 批发商周小姐有一个客户,同时经营8个点,包括移动式地摊和参加展会,高峰期的时候在老家请了20多个年轻人,男生女生都有,来深圳、东莞帮忙。领班2000元/月,员工1500元/月,另有5元/件的提成。客户对周小姐说,冬天两个月他个人的纯利是30万元。
>
> 周小姐觉得这个客户说的利润还是保守的。因为,他那两个月每两天进货至少1000件,棉衣零售价129元/件,占到一半的数量,另一半有卫衣、长袖T恤、牛仔裤等,零售价分别是99元、49元、69元,每件有50%左右的毛利,即至少有4万元的毛利。
>
> 做这样的地摊连锁怎么选址?前期要投入多少资金?货品和人员怎么样

去管理？周小姐根据自己的经验和客户的经验总结如下：

（1）选址。在前面讲的内容上补充：如果非要去城管限制的地方摆，建议用车来摆摊，而且摆在中间的位置，无论城管从哪一边来都有足够的时间收摊，撤走。

（2）资金。摊点有收费的也有不收费的，像菜市场、集市、工业区、小区等这些地方，一般收费的点一天不会超过100元；货品：500件品牌库存尾货T恤，一般价值1万元左右；货架：2个3米的货架115元/个，共230元；广告：横幅8元/平方米，按摊位大小来做；价格牌15元/个，两个共30元；如果投入再大一些，买面包车或皮卡，本钱少一点就买三轮车。综合资金、地点、人员等情况决定摊点的数量。

（3）账目。出摊之前要做好明细，比如：零售价39元的多少件，49元的多少件，69元的多少件，收摊时盘点好，按价格、款式叠好放一包，然后做好账。

（4）人员培训。按专卖店的要求执行；统一制服；选年轻的促销员；每个摊点男女搭配。

5

经营阶段性地摊的人相比于不堪重负的店主，是快乐的

广州章先生的移动式地摊，其实也属于阶段性地摊，因为他不是全年都在做，而是只做年前二十天的时间。

服装市场有淡季和旺季之分，很多店主为淡季的生意愁眉不展，但也有相当一部分店主，重点做好了旺季的生意，淡季没有任何压力。甚至有一部分店主，只做旺季的生意。

服装的阶段性生意，通常是只做旺季那段时间，它的模式有很多，比如说服装"博览会"、服装展销会、短租店铺等。阶段性地摊只是阶段性服装生意的其中一种。

但是，视货品、摆摊地点和个人操作的方式方法的不同，店铺和地摊在淡季的表现各有不同。像小新的货品，8月底、9月初在广东惠州市做地摊仍然有不俗的表现，早市、夜市的营业额加起来一般都有七八千元，好的在1万元以上。

虽然说淡季也有奇迹，但淡季毕竟是淡季，大部分人的服装生意在淡季里仍然显得疲软。

我曾讲过一个案例，深圳龙岗的王先生2009年9月份首次做服装生意，到布吉木棉湾进了6元/件的长袖，卖20元。在11月

份转冷的一个星期里，平均每天卖长袖近200件。7天时间的毛利有1.9万元左右。

王先生开着2万元买来的二手面包车，每天到不同的工业区摆摊，他的模式也是移动式地摊，跟广州章先生的做法一样。

做长袖生意，也就是天气转冷的那几天能赚钱。所以，王先生决定，他的服装生意只做夏装转季、秋冬转季和春节前这几个时段。

阶段性地摊生意的特点：

1. 有的地摊需缴纳场地费或管理费，而且缴纳的时间比较长，半年一次或一年一次；有的地摊是缴纳临时性的场地费或管理费，一个月、两个月、三个月等；大部分摆摊的地段没有主管单位，是不需要缴纳这些费用的。阶段性地摊通常只缴纳短期的费用，或不需要缴纳费用。所以，在一年中其他不摆地摊的时段，没有租金的压力。

2. 如同其他阶段性的服装生意模式一样，几个月的时间赚一年的钱。通常，这些经营者在其他时间的安排主要有如下几种：

（1）休息或旅游，什么生意也不做；

（2）做家里的活；

（3）做第二门生意；

（4）打工；

（5）将做服装赚来的钱短期借贷给他人，赚取利息。

近几年，街铺昂贵的转让费和租金，令很多店主都觉得自己变成帮房东打工的人，即使是在旺季，要是哪天没有成交，或做不出当天的基本费用，心里都凉飕飕的。

基于冬装市场往往会出现爆炸性消费的现象，做冬装阶段性生意的人着实不少，有的就临时租用店铺、摊点，集中大量的货品以低价、特价为噱头进行销售。

有的店铺和摊点的租金相对高一点，商户也能接受，因为是临时租用，高一点也情有可原。反之，有的店铺和摊点反正空着也是空着，租金则非常低。

摆客中国网说：地摊不再是之前狭义的地摊概念，我们更应该把地摊做为一种新的商业业态来看待，路边摊、集贸市场、夜市、展销会、商场超市门前的促销花车，以及临时零租铺面的清仓式甩卖等都可以归到地摊这种商业业态里面。因为这些销售模式有着一些共通点，那就是巨大的无明确购买目的的客流量，货品品类相对单一，价格明显低于商超零售价，销售者通过各种比较出位的销售手法（比如吆喝、表演、免费赠送等）促成消费者感性的、冲动性的购买。这种销售模式往往能够在单位时间内创造传统业态无法企及的销售额度。

> 2011年冬天的羽绒服，出厂价大都在200~300元。但一些基本款的棉服，以及充绒量低一些，含绒量低一些，工艺简单一些的羽绒服，在劳动力成本低的地区大批量生产，成本可以控制在80~120元。
>
> 南昌有一个服装店主分别在几个菜市场附近短租摊点销售这些应季的羽绒服、棉服，单日最高销售额超过20万元。
>
> 他与别人的合作方式是现金铺货，卖不完的且没补过货的款在离春节7天之前可以全部退回来。

现金铺货是指拿多少钱的货就先付多少现金，符合条件的退货，退多少就返还多少现金。设定补过货的款不能退货的条件，这跟批发市场的规矩是一样的，主要是为了防止下家客户盲目补货，给自己造成意想不到的库存压力。离春节7天之前退货是基于自己的店铺在春节前后可以根据货品的库存量多少采取不同的销售方式和销售价格考虑。要是接近春节或春节之后退货，那基本上就变成库存了。

实际结果是没有一个合作店铺退货，货品全部卖完。这个服装店主实时跟进各个店铺的销售进度，初期销售不上量的店铺，他建议店铺分阶段降价销售。

  有的人专门反季节收购库存尾货，从事阶段性地摊的生意。如在去年的冬季季末收购冬装，平时批发价150元的货品，甚至30元都可以买进。今年冬他们就在换季、节假日、年前这些时段以60~90元不等的低价销售。

  经营阶段性地摊的人相比于街铺、店中店那些不堪重负的店主，是快乐的。虽然，他只是个摆地摊的。

第1章
你们当中谁摆摊，都要比别人站得高看得远

6

有的临时性地摊，一次还真能赚一年的钱

临时性的摊相对于阶段性的摊时间更短，只有一天、两天或十天半个月。北京的李先生在天津纺织工学院学服装设计专业，毕业后担任某服饰公司的设计助理，嫌天天逛市场枯燥无聊，就改行做机电工程了，一干就是十年。机电工程不好做了，李先生又重新回到服装行业。不过，这次搞的不是设计，而是卖服装。

2011年，李先生在西单华威开店，因为楼层风格与店铺的定位不对，结果亏了8万元，然后退出。

2011年5月12日，他开始摆地摊，时间是晚上20：00~23：00。头三天的营业额分别为1200元、2100元、2600元。后来，营业额呈下滑的趋势，5月下旬到7月中旬这段时间，大都是一天几百元，鲜有上千元的。

李先生摆地摊前后三个月，看似是阶段性地摊，实为临时性地摊。首先，他在时间的安排上并没有有意挑选生意最旺的转季前后，摆摊也是断断续续，摆一天停一天的。其次，他摆地摊是锻炼、学习，他将来想做楼中店＋网店，或者是楼中店＋网店＋连锁地摊的模式。

我们再进一步了解临时性地摊。

每逢"五一""十一""元旦",虎门富民批发市场的部分档主都会到楼下的广场摆摊清货;春节前,广州站西的档主会到马路边摆摊清货。这些都是临时性地摊。

每逢重大的国际体育赛事,临时卖一些主题文化衫,是不错的选择。2008年,北京奥运开幕前半个月摆地摊卖奥运主题的文化衫,也能吸引不少单位、企业、团体的团购。同样,四年一届的足球世界杯,在开幕前半个月的时间里卖主题T恤,大都会有不错的收入。

此外,像展览会、演唱会、体育比赛,场馆周围在某一时段内会有很大的人流量,这时候临时摆个地摊,卖相应的产品,如零食、饮料、望远镜等,或许每天能赚上几百元、几千元的。

当然,一年只做那么一次这样的临时性地摊生意,赚的钱或许连生活费都不够。但是,我们可以找机会做很多次临时性地摊生意。有的临时性地摊,一次还真能赚一年的钱。

听朋友说开花店,平时的生意刚好够店租、人工和管理等费用,一年净赚三两万元,就是在情人节这一天来的。情人节那天临时摆摊卖花的人也很多。

> 广西昭平有个传统节日,叫五月十三。从农历五月十一开始,连续三天,整个县城可谓是万人空巷。县城的几条主要街道两旁,摆满了地摊,其中大部分都是外地的商户。生意较旺的几个服装地摊,这几天能纯赚三五万元。

在我国,类似这样一年一度的地方传统节日有很多。安徽宿州的某个镇也有个一年一度的传统节日,仅一天,某些服装地摊能纯赚近万元。如果要赚更多的钱,还可以选择重大节假日的时候摆摊。

第 1 章
你们当中谁摆摊，都要比别人站得高看得远

李先生在摆摊实践中摸索出来的一些经验规律：

（1）在一个地方做上几天，能培养出一批熟客，只要有新款来，熟客就会购买。

（2）货品没有及时上新款，在一个地方做上三五天，营业额就会下降。

（3）到新的地方去摆摊，头三两天的生意有可能好转，也有可能更差，不同的地点，生意千差万别。

（4）加快上新款的速度，生意短期会好转，但压货亦会相应增加。

于是，李先生上新款就到有熟客的地方，随后几天就到其他地方低价清货。

李先生的客人大都是一些白领。2011年6月上旬，他联系某写字楼物业管理经理，临时租用写字楼的大堂，摆两天地摊。

备货计划：

1. A品牌正品牛仔：短裤、中裤、长裤的进货价分别是55元、68元和70元。已有货品价值4000元。

2. A品牌正品T恤：进货价18~23元，已有货品价值2300元。

3. A品牌过季款：裤子、裙子的进货价为20~30元，计划采购5000元的货。

4. 腰带、配饰：均价8元，计划采购一箱，只需1200元。

5. 凉拖：25元，计划采购1250元。

6. B品牌原单仿货当季款：官网同步款，均价为60元左右，计划采购3000元的货。

7. 过季款：在尾货市场找到一些专柜下架款，均价为60元左右，计划采购3000元的货。

8. 其他产品：杂款，进货价为15元，计划采购1500元货。

9. 货品预算：2~2.5万元。

关于货品的一些说明：

第一，所谓的正品，那只是一种说法或噱头。不否认市场上确实有以库存货形式流通的品牌正品，但李先生的货品是否真的正品，在这里深究意义

不大。

第二，所谓的原单仿货，实质上是仿牌＋仿版，冠以原单两字，其实就是一种噱头。

写字楼确定下来，300元/天，算上打点物业经理的费用，得400多元/天。计划摆摊三天，6月8~10日（周三到周五）。但是考虑到下述因素，摆摊由三天改为两天：

（1）在写字楼摆摊，周一、周二的效果不会太好，而周六、周日则没人上班。

（2）6月7日、8日端午节后上班，消费低迷，而且6月7日一天做宣传较为仓促。

（3）但摆摊只做一天的话，出不了效果。

（4）将摆摊日期改为6月9~10日，7~8日宣传预热，时间也合适，场地费省了一天。这也是发工资的日子。

李先生为了测试广告的效果，在易拉宝上留下个人的手机号，并注明"发短信咨询，凭短信购物立减10元"。

实际营业情况：

（1）6月9日8：30分进场，19：00结束，营业额3000元；

（2）6月10日的时间差不多，营业额2000元。

（3）货品毛利率约40%，毛利2000元左右。

进货货款不算，其实际运作成本为场地费600元，物业经理好处费500元，临时导购工资200元，花车等设备500元，易拉宝140元，合计1940元。

账面数字刚好平本。赔上了自己的人工，赚了一辆花车，压了1.5万元的货。

李先生对这次写字楼临时性地摊进行了总结：

（1）曾考虑过连摆5天，但后来想到，因为写字楼的人群较为固定，5天的时间太长，前期的特价宣传就失去了吸引力。事实证明最后把时间缩短是正确的。

（2）写字楼早8：30进场，下午19：00结束，晚上20：00~23：00还可以跟平常一样摆夜市地摊。由于货源足，夜市的营业收入还算过得去，两天分别是1300元、1200元。

（3）虽然制订了详细的备货计划，但实际进货时还是走偏了。

（4）货品不太符合写字楼的风格，职业装少了。

（5）写字楼有个比较敏感的问题，白领看见满意的衣服，有可能会马上上楼，上淘宝网，找最低价。有一个案例，第一天卖出去的衣服，客户第二天拿回来退，理由很简单，太小穿不了。这明显是借口，但也没说啥，直接给退了。当然，这种情况在其他实体店铺也会碰到。

（6）导购难招，临时找人，由于没有品牌销售经验，砸了形象，影响业绩。

（7）卖场形象不够正规专业，摆脱不了地摊思维，导致顾客怀疑品牌的真实性，购买的信心不足。

（8）本次操作不算成功。但写字楼临时性地摊的模式，操作好还是可以盈利，并可做成规模的。

尹先生有一件他一直引以为豪的事，摆摊一个小时获纯利6万多元。这样的业绩很难有人能够做到，但是值得很多摆摊的同行学习。这个案例的成功要素有四点——组织能力，消费节点，场景布置，连锁。

尹先生在澳门读的大学，在学校担任学生干部。2008年北京奥运火炬传递澳门站，尹先生组织了21个摊点卖奥运主题的白色圆领T恤文化衫。每个点都布置了喷绘画宣传墙、易拉宝，普及奥运知识。另外，还摆放了吉祥物。这样的场景布置让市民都误以为是社区的宣传点。

每个摊点由两个学生负责，一个小时之内，平均每个摊点每分钟卖出两件T恤。T恤是在东莞进的货，5元／件，销售价格有的45元／件，有的50元／件。学生提成2元／件。

除去进货成本和提成,按销售价格45元计,每件的毛利是38元。

那么,这次销售活动的毛利是:

1小时 ×60分钟 ×2件/分钟 ×21个摊点 ×38元＝95760元。

再减去物流、仓储、场景布置等费用3万多元,纯利6万多元。

第1章
你们当中谁摆摊，都要比别人站得高看得远

7 组合型地摊充分发挥了我们的想象力

每一种服装商业模式，对服装创业者来说都是一个商机。模式带来的盈利，建立在把握住市场和货品的基础之上。打个比方，即使你的货品款式很好，面料很好，但码数不符当地的消费人群，一切都是白搭。北京的李先生到写字楼摆地摊，货品不对路，职业装少，是营业额不理想的原因之一，也是类似的道理。所以，模式本身不是万能的，不是盈利的唯一因素。

组合型地摊，是服装创业者希望通过两种或两种以上地摊模式的组合，达到降低风险，增加盈利，扩大经营规模等目的。

常见的组合型地摊有"批发店+地摊""零售店+地摊""网店+地摊""批发店+零售店+地摊""批发店+零售店+网店+地摊"等。主要还是批发店、零售店、网店三种模式单独或自由组合后，与地摊结合。而店铺，有可能是单个的，也有可能是连锁的，有可能是街铺，也有可能是楼中店。而网店，可以是网上批发，也可以是网上零售。组合型地摊甚至还有"工厂+地摊"的模式，即工厂专门做货，通过地摊连锁直销出去。

组合型地摊充分发挥了我们的想象力。但实际操作中会碰到很多困难，包括个人的时间与精力、资金，以及团队的组建等。还有一些看似细小的问题，也会让这种模式无法运作下去。

2010年，山东临沂的郑先生从零售转型做批发。批发和零售的操作不是一回事：零售以款多量少为主，批发以款少量大为主；批发既不能以款多来搏爆款，也不能单款囤大量现货来冲爆款。

刚开始，郑先生还不能掌握好批发的基本规律，多款多量。具体表现在：

第一，以为这个版这个人要，那个版那个人要，意欲多点开花，广种薄收。

第二，盲目选择供应商，缺乏谈判经验，看到供应商有"好货"，很快就答应供应商的最低拿货量要求。

在拥有强大的分销渠道之前，这样做压货在所难免。因此，郑先生的生意非常不好，为了处理压货，他安排营业员晚上到街上去摆地摊。

批发的货摆地摊，会碰到一系列问题：货搬来搬去，容易受损；地摊还要展示一部分货品，拆开来卖不掉还要重装包装；浅色衣服容易弄脏，等等。

以上都不算是十分严重的问题。郑先生的地摊才做一个晚上，而且仅仅是卖掉两件衣服。然而，第二天他就收到零售店客户投诉其摆地摊低价卖衣服的问题。自此件事后，郑先生再也不敢动摆地摊的念头。郑先生的"批发+地摊"模式就这样夭折，他只有踏踏实实地摸索单一的批发之道。

当然，批发+地摊也有很多成功的例子。像四川宜宾的衫衫缘批发店，就是通过这种模式把生意做起来的。店主刚入行做二级批发商，上货太杂乱，压货多，最后被迫摆地摊清货。还好，郑先生碰到的问题他没有碰到。因为有地摊解决压货问题，店主在进货时放得开，备货充足，款式丰富，因此积累的零售店客户越来越多。

"网店（淘宝店）+地摊"的案例，我见过不少。小淘宝店或淘宝店初始阶段，可以做到不压货，少压货。但淘宝店要成长，做大，对大部分人来说，得备现货，也就是压货。不好卖的款压着就成了库存，好卖的款难免会断色断码。这些货，该怎么处理？

深圳的董小姐采购衣服如同购买个人穿着，看到自己满意的货就上。而且通过不断上新款来增加营业额。一年时间不到，压货 5 万元。看着成堆的衣服，董小姐一狠心，到超市的门口摆摊清货。十多天的时间，货全清完，货的成本钱要回来了，只是贴上人工。她这么做也划算，至少淘宝店进账的钱都是赚来的。

　　董小姐的淘宝小店都压了 5 万元的货。淘宝中大卖家，大都会压有几十万、几百万元，甚至上千万元的货。其中相当一部分货用于周转，但总免不了有卖不掉的尾货和死款。他们各有各的处理方法，比如说：

- 换另一个淘宝店铺以极其低的价格促销。
- 放到实体卖场促销。
- 集中清理给库存商。
- 自己摆地摊销售。
- 甚至有人想到开个实体零售店铺销售。

　　关于组合型地摊，除了上面提到的地摊和其他经营模式的组合之外，还可以理解为某种地摊模式同时包含了几种地摊类别。这种综合性地摊，像广州的章先生、深圳的王先生等，既是阶段性地摊，也是移动式地摊；北京的李先生，既是临时性地摊，也是移动式地摊。

　　"迁徙式地摊年赚百万"说的是深圳某个老板娘，聘请三十多个小妹，夏季先南方城市后北方城市各摆两个月的地摊，冬季先北方城市后南方城市各摆两个月的地摊。这种模式包含了移动式地摊、连锁地摊和阶段性地摊等三种类别。她的移动式地摊超越了乡镇、城市间的区域，是全国范围内的移动，而且像候鸟迁徙一样，故又称为迁徙式地摊。

　　深圳布吉的木棉湾是碎布（批量生产后的库存面料）服装加工集散地，主要生产男女 T 恤、童装和裤子，款式比较简单。工序太复杂的他们做不了。出货的价格很便宜，但也不是每个人都能卖。有人说木棉湾的是垃圾货，但也改变不了它曾经有过年出货几千万件的历史。之前，它的货品主要通过村里的市场和西乡某农贸市场 3 楼的服装批发市场分销到全国各地。

老板娘的工厂在木棉湾,在西乡有一个档口。西乡的市场很冷清,做的都是熟客的生意。老板娘主要通过自己做连锁地摊出货,旺季时每天出四五个大包。

2009 年,我根据所了解到的情况用数字来揭秘她摆摊年赚百万的模式。以男短袖翻领 T 恤的价格为例:

(1)出厂 6.5 元 / 件,档口批发 8.5 元,毛利 2 元;市场零售价 20 元、25 元都有,按 8.5 元批发、20 元零售计,毛利 11.5 元;老板和小妹分成比例为 4:6,11.5 元各取 4.6 元和 6.9 元。

(2)聘请 30 个小妹,每个小妹交纳 3000 元押金。老板娘要求小妹每天保证 3000 元的货品(按批发价)。假设,小妹拿货跑掉了,老板娘相当于批发了 3000 元的货;老板娘人间蒸发,小妹也当是采购了 3000 元的货。

(3)小妹的底薪 600~800 元不等。老板娘要求小妹每天都补货,小妹有底薪拿,可以补贴车费,就没有理由偷懒了。如果小妹没有底薪,要自己倒贴车费去补货,那么她就有可能几天补一次货。货量不足,销售量自然会减少。

(4)地摊是春夏和秋冬换季两个时段南北迁陡,全年共出摊 8 个月。按年赚百万倒推,8 个月分摊下来是 12.5 万元 / 月;扣除不能出摊的日子,一个月按 25 天计,5000 元 / 天,这是老板要赚到的钱。

(5)按 4.6 元的利润计,5000 元得卖 1087 件,即 30 个小妹每人每天卖 36 件。这个数据不算多,我所知道的卖一样的货的单个地摊,一天卖 50~180 件的案例就有好几个。再说,一天出货 1087 多件,出 8 个月(每月计 25 天),总共才出 21.74 万件,这个量在木棉湾的加工作坊中只能算是中等偏上的水平。

100 万元是老板娘的纯利润,那么她的成本出在什么地方呢?

批发价与出厂价之间还有 2 元的差价。小妹一天卖 36 件衣服，一个月计 25 天，就是 900 件，老板的批发利润就是 1800 元。这笔钱，小妹的底薪、住宿费、管理费、货品的物流费，以及有可能出现的摊点租金，都在这儿了。

以上只是按 100 万元来推算，实际上老板娘赚的比这个还要多。我们接着看小妹的年收入有多少。只要小妹有不错的收入，老板娘的这个摆摊模式才算是合情合理。

按 4:6 的比例，老板娘赚 100 万元，30 个小妹赚 150 万元。每个小妹工作 8 个月，平均年薪 5 万元，这收入在 2009 年之前比普通白领强多了。

8 "服装展销会"其实就是临时性、阶段性地摊

博览会，通常是指在现代化会展中心举办的展会，如中国（北京）国际服装服饰博览会、中国（深圳）国际品牌服装服饰交易会，等等。而现在要讲的"博览会"，是类似于地摊的卖低端货品的展销会。

其实，这种展销会说成是临时性地摊或"阶段性+移动式"地摊也不为过。说他们是临时性地摊，是指他们在一个地方通常只做半个月。说他们是阶段性+移动式地摊，是指他们在不同的地方做完春节前三个月的时间。

但他们在宣传推广过程中都标榜自己是"博览会""展销会"。

每年从10月下旬开始到春节前，我国的大部分城市和县城，以及经济发达、人口密集的城镇，都有这样的展销会。他们往往是一个地方做15天，之后换一个地方。展销会的货都是低价促销的，倘若时间过长，消费者就不感兴趣了。

当然，也有个别展销会在一个地方做上一个多月甚至整个冬季，这可能与组织者联系的场地不够多有关。基于这种情况，就要求参展的商户在货品上不断更新。

他们的操作方式是组织者（主办方）到各地联系、租用场地，然后招商，收取商户租金。

招商，对于有经验的主办方来说，不成问题，因为他已经积累上百家，

甚至数百家的商户，每年冬季，这些商户就跟着主办方"跑江湖"了。曾经有山东的朋友跟我商谈过这样的合作，他负责在山东几个城市联系场地，他说在这几个地方有熟人，能处理好工商、税务、派出所、城管、环保、消防等社会关系。这位朋友要求我在广东这边负责招商。

展销会的商户也是几个月赚一年的钱，几个做展销会的朋友一致认同我的看法。

2009年10月，来自福州的小吴在中山沙溪和我聊起他做展销会的事。

组织者是他的福州老乡，做展销会好多年了，每年的路线相差不大，10月下旬开始，第一站是石家庄，接下来是武汉，以及湖北各地，最后到福州，每15天换一个地方，春节前结束。组织者提前几个月签好场地租用合同，然后就通知之前的商户。老商户基本都会来签约，如果有特殊情况，自己不能参加也会介绍熟人参加。如果展销会操作好，商户的回报是相当诱人的。

2008年，小吴做展销会，前后采购共30万元的货品，最终纯利润是34万元。当然，他的采购不是一次性的。首批采购量是展销会首站石家庄预估销售量的2~3倍。到武汉之前，根据石家庄的库存量来补充货品，每一站展销会都是这样操作。到最后一站，备货仍在预估销售量的2倍左右。在展销会结束前几天，视库存情况掌握清货的力度。最终仍有压货，小吴就在节后找一个地方以极低的价格清货。再清不完，最迟不超过3月初，以卖垃圾的价格一次性甩给库存商。

小吴是展销会的一个小商户，他的进货量不大。进货之前，他会联系其他地方展销会的同行一起拼货。2009年10月，小吴约成都和上海的朋友到大朗拼货，三个人采购10万元库存毛织，没有一件是超过10元的。在他们采购的同一天，有一个在湖南做展销会的老板，总共进30万元的库存毛织，装满了一个大卡车。

毛织产品只是小吴展销货品的一部分。如外套，他会到中山沙溪库存一条街采购。而棉服，则是到浙江采购，亦是库存。

小吴租用展销会摊位（规格3米×3米）2个，15天的租金共2万元。展销会上3米×3米的摊位，一般都有200~300个。以200个计算，组织者在这半个月的租金收入是200万元。不过，这不是纯收入，得考虑到他的场地租金、展会设备投入、安装、拆卸、物流，以及公关费用等。

小吴的费用支出，除货品和摊位租金外，还包括采购、展会期间的差旅费（俗称车马费）和营业员的费用等。营业员1人，底薪1800元/月，另加2%提成，包吃包住。

因此推算，小吴参加2008年展销会的营业额＝货品＋租金＋交通费＋营业员＋纯利。其中：

货品：30万元；

租金：2万元/15天×90天＝12万元；

交通费：2万元；

营业员：4万元（底薪，提成，吃住，车费等）；

纯利：34万元。

营业额合计：82万元。

由此可知，平均销售价大约是进货价的2.73倍（82万元÷30万元），日平均销售额约为0.91万元（82万元÷90天）。

# 第 2 章

当下的服装零售，
真的是越做越瘦吗？

越来越多的实体店铺实现看图订货

服装终端资深顾问培训师贾小艺说过:"不管是服装小店还是新建服装品牌,核心盈利模式的优势是决定服装企业的根本。核心盈利模式包括市场营销策略、客群经营策略、产品盈利模式等。而终端的形象、销售服务等如果没有盈利模式核心优势的支撑,做起来就会事倍功半!"

深圳有一家服装零售店,其橱窗、货架展示的款式不多,它的主打业务是看图订货。看图订货,之前是做批发的多,在实体零售店铺不多。在实体店即使有,也大都是拿着批发商给的产品画册让顾客看。顾客看中了,店主就电话联系批发商发货过来,或者是下次进货时再把这些款式带回来。

无论是O2O(即Online to Offline的缩写,指将线下商务的机会与互联网结合在一起,让互联网成为线下交易的前台),还是单纯的电子商务或实体,看图订货、D2C(即Designer to Customer的缩写,指产品设计师直接面对客户,可以是中间客户也可以是终端客户的一种商品销售模式,主要借助互联网开展在线销售活动。设计师通过互联网直接与客户沟通,直接传达自己的设计理念和相关设计产品,达到出售产品的目的)等模式都以丰富多彩的形式出现。

深圳的这家服装零售店,店主让顾客看画册,说这是香港的品牌货。顾客挑中了款式、花色、码数,就付订金,店主隔两三天去一次香港,把货给带回来。

店主这么做,营造了产品的稀缺感、神秘感、品质感,让顾客觉得有品位,得到一种尊贵的体验。店主去一次香港,同时会带几个甚至十几个顾客的订单产品,但店主会把往返等费用重复地算到每一位顾客的订单里面。假设店主去一次香港的往返等费用是200元,如果带回5个顾客的订单产品,那么他实际收取的往返等费用往往是 5×200 元 $= 1000$ 元。

店主当然不是只收取往返香港的费用,他的店铺成本和利润等,都算入产品的销售价格里边。

看图订货,全国各地都有店铺这样操作。像东北、西北等地区的店铺,他们跟顾客说的货源或品牌所在地,不一定是香港,可以说是深圳、广州、杭州,或者是韩国等。

有的店铺:

(1)并不使用纸质画册,而是在网上找图片,编辑成一个个系列,以电子书的形式向顾客展示。顾客下单后,自己再去网店上购买。网店,既有B2C(即Business to Customer 的缩写,其中文简称为"商对客",是电子商务的一种模式,也就是通常说的商业零售,直接面向消费者销售产品和服务)类型,也有B2B(即Business to Business 的缩写,是指一个互联网市场领域的一种,是企业对企业之间的营销关系)类型。

(2)利用这种模式兜售仿货。因为店里没现成的仿货,最大程度地避开可能产生的知识产权方面的纠纷。同时,也给顾客一种私密的感觉。

(3)利用这种模式,市场采购贴牌,贴未注册商标或自有品牌的货品,然后销售。通过对品牌的包装,制作纸质画册或电子书的形式,塑造品牌形象,提升品牌地位。纸质画册不一定是非得要制作菲林、要求一定数量、印刷出来的那种。可以用相片纸打印出来,装订成册,数量可多可少,成本低廉,而且可以随时更换其中的图片。

(4)货品已经采购回来,却不上架。在网上找出相同的图片,然后供顾客选择订购,并承诺数天之后从深圳、香港,或其他地方采购回来。

现在，越来越多的店铺利用微信来实现看图订货，以减少库存压货。

其实网店、微信的一件代发，对卖家来说是零库存、零压货，对顾客来说就是看图购买。顾客通过互联网的各种平台、工具（如淘宝、微博、QQ、相册等）购买服装，基本都属于看图购买，只是有的卖家是零库存，有的卖家要自己压货。

与看图订货相接近的是看样定货。在秋冬季节，有很多浙江人到全国各地临租店铺，挂上一些成衣样版和皮料样版，还有一些款式图片，定制皮衣。顾客选好了款式和皮料，量好尺寸，支付定金或全额支付，一周、半个月的时间再来取货。商家接到订单之后，由面料供应商发货过来制作，或由上家的加工作坊制作好再发成衣过来。

有一种叫湿定制的模式，表现为越过所有中间环节，把传统的服装订货会直接向顾客开放，提供高性价比的衣服，即制作出样衣，通过给顾客看实样及看样品图片接受订货，当订货达到一定的量时就批量采购面辅料，找工厂批量生产；当订单达不到批量生产的要求，则取消所有顾客的订货。所以，湿定制与高级定制、量身定制是不同的概念。

第 2 章
当下的服装零售，真的是越做越瘦吗？

零元理论可以反映一个店铺成熟、优质与否

之前，我说过一个服装旺店背后的秘密。这个旺店在湖北某地级市，面积有 80 平方米，经营欧美日韩风格的服装，还有超 A（与品牌货一模一样的仿牌，也叫一比一仿牌或精仿）的手袋，超 A 的鞋子。服装、手袋、鞋子等货品的价位都在 600 元左右。上秋装的时候，整个店面的货架都是满的。精品店的老板还不停地跟顾客说，过两天又要上新货。店铺的顾客一买就是几千元。更令人惊诧的是，换季之时，秋装下架，一件不留，换上的全部都是冬装。

将近两年的时间里，我与不少店主探讨过精品女装店铺的经营，现在再回头看这个旺店，又有了新的认识。

2009 年之前，在二、三线城市，经营售价 600 元左右的散货或散货贴牌，虽然说价格与商场专柜的品牌货有一定的差距，但相比其他一百多元、两三百元的散货，这些散货算是中高档的精品了。说到出厂成本价，吊牌价 1000~1500 元之间的品牌货，大多数跟售价 600 元的精品散货是同一个品质水平。

散货中不缺少好版。如果店主或买手有选款眼光和组货能力，散货精品店、散货贴牌店有极强的市场竞争力。这个档次的女性顾客群体大都有很强的消费力，往往是店铺不断地上新款，她们觉得好，就会不断地购买。

店铺不断地上新款，就有可能不断地出现压货。那么，压货是怎么处理的呢？

零售价600元（举例，实际标价一般为598元）的散货，按进价200元计，一个款进6件（两个色各三个码，或三个色各两个码），进货金额1200元。假设一周内卖掉3件，营业收入1800元。那么：

处理方式1：余下3件下架，通过别的渠道以零元处理，那么，6件衣服的毛利是1800－1200＝600（元）。

处理方式2：余下3件下架，通过别的渠道以进货价5折处理，那么，6件衣服的毛利是1800+[（3×200）×50%]－1200＝900（元）。

处理方式3：余下3件下架，通过别的渠道以进货价处理，那么，6件衣服的毛利是1800+（3×200）－1200＝1200（元）。

对该店来说，上架一段时间的货品，不在店铺里折扣处理，而是下架后通过别的渠道处理，是原则问题。一个款式，10天或半个月的时间出现两种价格，是消费者无法接受的。虽然店内折扣处理的货品得到的营业额比下架后以进货价5折、或进货价原价处理回笼的钱要多，但伤害了消费者，之后的生意不可能不受到影响。

此外，最重要的一点，正是该店成功经营的法宝：旧款快速地让出货架位置，以便快速上新款，可以赢取更多的客户购买，同时赢得更多的口碑。

所有服装产品仅上架一周就下架另外处理，营造了货品的稀缺感。再结合不断的上新，吸引新顾客，积累忠实的老顾客，从而达到营业收入快速增长，或保持高营业收入的目的。

当然，并不是所有的款式都能在一周内销售一半。有的甚至是没有销售的。

店铺起步阶段，在客人不是很多的情况下，货品走得慢，通过上新来拉动业绩提升，需要有一定的经济实力和有效的处理下架货品的途径。此外，就是店主或买手的选款眼光和组货能力。每个款式在一周内既有零销售的风险，也有全部销售完的希望。一旦打开局面，就会步入良性循环，即货品上架和下架的速度变快，并且在周转过程中不断产生利润。

所以说，店铺开张之时，或这个模式的启动初期，有一个很好的营销策划方案，能缩短前期顾客积累的时间，迅速进入货品上架下架周转的良性循环，那是最好不过的事。

下架货0元处理，只是打个比方。这是"零元理论"，是最"坏"的一个处理方法。我要表达的是，在货品销售价是进货价三倍的前提下，销售数量达到一半的时候，下架货的处理能收回多少钱并不关键，即使是当"垃圾"处理，一分钱收入都没有，它还是有毛利产生的。

重要的是，要建立起有效处理下架货的渠道，把快速上架下架周转的模式给建立起来。

把下架货留存到次年上架销售，这样做旺店会得不偿失，他不可能这样做。这样做还不如当季在店内以名目繁多的促销方式把衣服卖出去。

店主通常会选择将下架货异地处理，或者是处理给异地的别的店铺，或者是在异地专门开一个销售下架货的店铺。当然，也可以处理给专门收购库存尾货的人。

市场上批发价还是200元的衣服，好好的怎么可能0元处理呢？而5折处理只是作为一个数字对比的参考，实际情况有可能是3折，或者是7折。虽然处理的价格要低于进货价，但能以这样的代价化解库存的风险，支持店面采用极有竞争力的经营模式，赢取更大的利润，是值得的。

那些卖了几件的款式，断色断码的，下架处理给别的店铺销售，能行吗？有这么一个情况，像县级城市，地方小，人口少，消费者怕撞衫，色码不上齐，甚至每款上一件的店铺，生意反而很好。

关于处理下架货，我建议借鉴别的店主这么做：

（1）在地级城市开店，可以在县级城市找合作伙伴；在县级城市开店，可以在邻县发展合作伙伴。

（2）有的店主同时经营网店，低价销售下架货，对实体店的顾客保密。打个比方，200元进货的衣服在实体店十天内卖不掉，就放到网店上以120

元的价格销售。其他淘宝店主、实体店主搜索到了，他们不得不惊叹，和这样的款一模一样的现在到批发市场进货都要 200 元，120 元连工厂都做不出来！

（3）还有一个处理下架货较为理想的方式。我们去市场进货，可以向批发商提出换货（换色、换码、换版）的要求。刚开始合作，答应换货的批发商会少一些。生意做多几回，大部分批发商都会答应。这样，我们上架十天半个月的货，只要符合"没补过货，批发商还没有收版"这两个条件，至少有一部分可以原价退还给他，换成新款。

（4）一些淘宝店铺利用量大、价低的优势，把目标客户瞄准到实体店铺，即把自己定位为以批发为主。在这样的背景下，再加上七天无理由退货的条款，一些实体店的一部分款式转移到淘宝上购买，几天下来仍卖不掉的就退货，以此达到更新快、减少库存压力的目的。

3 贴牌要考虑到操作难度和个人实际情况

有这么一个案例：一个人同时在国外和国内注册公司和商标，在上海开店，做散货贴牌，货品的吊牌价都是进货价的10倍左右。他对外宣称品牌源于美国，公司总部在纽约，亚洲总代理在香港。而他，则是国内独家代理商。

独家代理，在大众眼里还是有分量的。像一些要把自有品牌做起来的商家，有三五个店，甚至只有一个店铺，也打出"××国际品牌第××家连锁店"，或"××品牌第××家国际连锁店"等招牌。这与"独家代理"的说法有异曲同工之处。

炒作噱头的同时，这个人组货毫不含糊，做好产品统筹，把控好款式、版型、面料和做工。在此基础上，他推出预付款会员制度。

经常光顾美容院的女性应该知道，预付款会员制度是美容院通用的手法。最常见的预付金额一般是数千元不等，但也有预付金额较大的。广西柳州一个在美容院上班的人告诉我，她所在的那家店有预付20万元和30万元的会员客户。预付款必须在店内消费完，不可以退款。

这个服装店的预付款会员制度中最显眼的条款是"预付5万元，成为白金卡会员，享受购物5折优惠"。他的白金卡会员有50个之多，收取预付款 250 万元。主要靠这笔资金投入发展，他一年之内开了 4 家连锁店。

我们接着详细了解、探讨一个类似的案例（2010 年）。

一、策划对象

北方地区，中高档老牌商场内自购商铺，店铺面积有 500 平方米，室内面积有 320 平方米。

二、定位

1. 女装，年龄 25~40 岁，欧美时尚款，市场采购贴牌。

2. 夏装主体货品：连衣裙、套裙、吊带裙、衬衣、裤子、T恤。

3. 搭配货品：手袋、饰品、丝巾、手表等。

4. 吊牌价是进货价的 5~8 倍。比如说夏装裙子，进货价是 100~400 元，吊牌价是 600~2000 元。

三、货品组织

1. 目标市场：深圳南油商圈、深圳海燕商圈、广州白马商圈。

2. 供应商：40 家，其中与 10~15 家建立长期合作关系。

3. 货品采购计划：400 款左右。其中裙子 280 款，裤子 40 款，衬衣 40 款，其他 40 款。吊带、背心、T恤等在初期少上或不上，入夏后再视天气、气温等情况决定上多上少。

4. 服装上架：先上 300~350 个款，每周上新款 30 个左右，半个月后开始陆续下架，先少量下架，货架丰满后，可增加下架款；销售旺季顶峰之后，新上款逐步减少。此项要求仅为参考，具体操作视实际情况而定。

5. 进货前再次跟当地的优秀导购员确认一些细项，如货品风格、品类及其比例、码数、颜色等。

四、营销与销售

1. 与美容院、美发店合作，互放广告宣传资料，会员卡互相通用。

2. 高尚住宅小区电梯间张贴广告。

3．提供形象设计、色彩搭配咨询等增值服务。

4．购物会员制，一旦成为会员，当次购物及之后每次购物均可享受9.5折优惠。

（1）普通购物客人：9.8折。

（2）购物累计满2000元：免费办理会员卡。达到2000元那次购物方可享受会员9.5折。

（3）一次购物满2000元：免费办理会员卡，购物9.5折。

（4）一次购物满4000元：免费办理会员卡，购物9.2折。

（5）一次购物满6000元：免费办理会员卡，购物8.9折，赠送高级名牌手袋一个。

5．预付款会员制，预付金额用完了，需重新充值方可享受该项待遇。购物时余额不足，享受普通会员的相应折扣。

（1）预付3万元：免费办理会员卡（铂金卡），即时赠送高级名牌手袋一个，购物7.8折。

（2）预付2万元：免费办理会员卡（金卡），即时赠送高级名牌手袋一个，购物8.2折。

（3）预付1万元：免费办理会员卡（银卡），即时赠送高级名牌皮夹一个，购物8.6折。

6．积分：

（1）所有购物均有积分，每20元积1分；淡季购物按12元积1分计；平常推出的特价款按20元积1分计；积分购物部分不享受折扣，亦不再次积分；

（2）积1分购物时等同于1元使用；积分不兑换现金。

7．熟客介绍新客：

新客购物，熟客享受新客同等的积分，终身有效。积分使用方法同上。

8．下架货的处理：

（1）在相隔一百公里之外的城市开另一个店铺。

（2）与供应商换一部分货。

（3）部分款下架前设定一个促销期，陈列在试衣间，或在大厅显著位置，或上模特，或提高导购员卖促销款的提成，或促销款按淡季计积分，即12元积1分。

9. 备注：购物最低折扣，7.8折＋送包＋熟客介绍新客＋积分消费。

假设铂金卡会员购买总共售价1万元的商品，按最低折扣7.8折，即实收7800元；按吊牌价是进货价最低倍数5倍来计算，该商品进货价是2000元；送包约500元；熟客介绍新客双重积分，折后7800元，即（7800÷20）×2=780（分），积分购物等同于780元使用，仍按吊牌价是进货价最低倍数5倍来计算，积分购物的实际成本是780÷5＝156（元）。

由此可知，售价1万元的商品，按最优惠的方法销售出去，毛利＝销售额-（销售商品成本＋赠品成本＋积分购物成本）＝7800-（2000+500+156）=5144（元）。

毛利是该商品进货价的2.572倍。

按淡季消费12元积一分算，消费金额7800元，熟客介绍新客双重积分，（7800÷12）×2＝1300（分），积分购物等同于1300元使用，实际成本为1300÷5＝260（元）。

那么在淡季，1万元的商品按最优惠的政策销售出去，毛利＝销售额-（销售商品成本＋赠品成本＋积分购物成本）＝7800-（2000+500+260）=5040（元）。

毛利是该商品进货价的2.52倍。

赠品为高仿品。进货价为500元的高仿品，可向顾客介绍为市场价4000~5000元的正品。

五、预算：100万元。

1. 总店投入85万元（自有店铺，所以可不列转让费、押金、租金在内）。

（1）装修：25万元（含衣架、模特等）。

（2）货品：400款 ×4件/款 ×250元/件 =40万元。

（3）其他及备用周转金：20万元。

2. 下架货店投入 15 万元。

此策划案非常"华丽",起点较高,工作量大,执行起来难度大,超出了店主的个人能力范围,因此在实际操作中会碰到诸多问题。尤其是一些细节处理得不好,导致计划中的很多内容大打折扣,甚至无法执行。

店铺在 4 月底开业,店主于 3 月底到深圳进货,4 月 10 日进货结束。店主急于赶日期开张,但分身乏术,所以选择进货和装修同步进行。貌似等装修一结束即可开业,省了十多天的时间,但实际上影响整个夏季的运作。

理想的安排应该是装修结束后再进货、再开业,按顺序来,有条不紊地做好每一个环节。散货市场跟风很快,进货太早,前面的款式很容易"贬值",而后面的"好货"都错过了。

在开店之前,针对进货这块儿,强调最多的是码数。结果问题正好出在码数上。批发市场有的档口码数极不规范,有的标识与实际码数不符。深圳南油商圈有一部分档口是面对北方市场客户的,应该说是有足够的货品选择的余地,但是该店主首批货品超过 1/5 码数偏小。这都是进货过于仓促,对方案的执行力太差的结果。

而下架货店没开起来,店主说是个人精力无法顾及,实则是他麻痹大意,抱着侥幸心理,有"最好不出问题,出了问题再说"的思想。像换唛头是活细,工作量大,本应请熟手来做,但店主夫妇却揽过来自己做,不专业的人做专业的事,效率低。最后忙不过来,有一部分货品只换吊牌而不换唛了。

码数的问题在开业之初就暴露出来。那时离进货有一个月左右的时间。批发市场的不少档口可以换货,但对时间有要求,一般是十天半个月。而这个时候,店主对店铺的灯光不满意,花了两三天的时间异地购买回来再更换。此外,还要办理店铺的相关证照。所以,他一直延误到 5 月 20 日才南下换货、上新。结果,只有少数几个批发商可以换货。

开业的第一个月是销售旺季,平均营业额不足 3000 元 / 天。为什么没有将货品调整和及时上新作为优先安排、重中之重的工作呢?

数百件小码的货以及滞销的款没有另外的渠道分销,只好在店铺里低折扣清货。如此大规模的清货,对店铺产生很大的负面影响,违背了打造自有品牌的初衷。迫于无奈,为了生存,执行方案过程中很多动作都变形了。

　　夏季结束,我和该店主一起对店铺的定位及经营进行了总结。其中反思了一个问题:限于市场采购贴牌所需要的大量人力以及个人精力不足等原因,500平方米的店铺划分为三个区域,其中两个区域经营他人的品牌,另一个经营自有品牌,待店铺运作成熟,贴牌操作成功、盈利了,再考虑进一步扩大贴牌区域(一个或两个)的经营面积,岂不是更好?

4

弱关系与强关系，微品牌与传统品牌有着根本的区别

贴牌是服装经营中常用的重要手法之一。我不看好品牌进驻商场做专卖的模式，也不看好散货散卖的模式。虽然说这两种模式不乏成功的例子，但总体而言，仍属于相当少的一部分。散货贴牌是过去几年和未来几年盈利能力较强、可以快速成长的模式。

不过需要说明的是，贴牌指女装贴牌，男装则不在列。圈子内有一句话："男装卖仿牌，女装卖贴牌。"意思说男装品牌很难运作、培育，大家所熟知的男装牌子屈指可数。而且男装卖的不仅是唛和吊牌，还得卖LOGO。大多数男装上面都有LOGO，不好贴牌。总之，市场上卖男装仿牌的很多，卖贴牌的却没有几个。

女装则风格各异，品牌也是百花齐放。女装卖的是款式和品质，而且大多数女装没有LOGO，贴牌只需换唛和吊牌即可。市场上的部分女装，甚至连唛都没有，任由经销商贴任何牌子。

贴牌，有做中高档的，即进价两三百元卖两三千元的；也有进价几十元卖一两百元的。凡是这些不怎么有名、影响范围不大的贴牌，我们还不能称之为微品牌。

微品牌最本质的内容是弱关系，这与传统品牌的强关系有着根本的区别。所谓弱关系，是指品牌商与零售店客户之间不存在强买强卖的关系，客户可

以接纳供应商的品牌和全盘货品,也可以不接纳供应的品牌,只接纳其全盘货品或部分货品,甚至随时可以终止合作关系。弱关系的主动权在客户手上,迫使品牌商(供货商)提高货品和服务的竞争力,以此来维系与客户的关系,以及拓展新的客户。

具备了弱关系的社群关系特征明显的品牌,我们称之为微品牌。

想做稍有点名气的一线品牌的临街专卖店或商场专柜,难取得代理加盟权,难进商场,投入大,很多人做不了,做不起。而做散货,则很多人没有看款眼光和组货能力,也不想整天跑市场进货。所以说,散货贴牌加盟连锁的空间巨大。尤其是微品牌的加盟,大多数投资几万元、十几万元或二十几万元即可,市场拓展空间也更广阔。

广州的小雪在天河区开有一个服装店。2009年她的房租是7000元,加上两个营业员的工资以及水电、管理等费用,每个月的开支接近1.5万元。再加上她自己的开支,就是2万元。

她做的是贴牌,不过贴的不是自有品牌,而是德国的一个牌子。这个牌子是小雪的朋友在德国注册的,闲置着不用。小雪得到朋友的许可,就拿过来用。

小雪不在广州进货,而是舍近求远,跑到深圳去进货,因为在广州进货撞款太多。她进的货价格在80~200元,回到店铺卖1388~2588元。深圳海燕市场和南油市场的货,正适合这样操作。全国有不少做精品、中高端贴牌的店主,大都喜欢到深圳这两个市场来进货。广州站西有不少货是炒深圳南油市场的货,也有不少各地的批发商和工厂跑到南油市场来抄版。

小雪的店铺,每天只要卖出一件衣服,就能平本,卖出两件就能赚钱。店租高,开支大,小雪做女装不贴牌很难维持下去。做贴牌,选款、进货和价格完全由自己掌握,风险可控。

第 2 章
当下的服装零售,真的是越做越瘦吗?

不否认有人加盟品牌做得不错。但大部分人加盟品牌是很痛苦的,传统品牌的操作模式在消费市场不断变化的进程中显得呆板,缺少变化,尤其是现在店铺租金、人员及管理费用上涨得厉害,而品牌拿货折扣也是居高不下,加盟商得到的利润空间非常有限。加盟受品牌的牵制很多,需要缴纳加盟金、保证金,还有不断拔高的进货任务等。此外,品牌的货品有限,常常会出现水土不服的现象。

浙江某市有一个店主贴自己的牌子。她不去杭州进货,一样是舍近求远到广东这边来。她在南油市场进的珠片印花T恤才37元,回去她卖2700元,270元进的裙子卖3300元。到2010年,她的自有品牌直营连锁店在该市达到了11个。

前面说的是中高档的贴牌。再看看中低档的贴牌。

深圳的郭小姐,2010年年底刚接触服装生意,开了第一个店。她做中低档的少淑装,就在与店铺距离不足十公里的深圳东门步行街白马批发市场进货。进货后自己贴牌,贴的是未注册商标。

郭小姐的生意非常不错。开业才三个月,就有五六个人要求加盟她的牌子。这五六个人,有熟客、熟客的朋友,以及住在附近的人,她们手头上有些钱,想做服装,但又不想加盟一线、二线品牌,也不愿意到批发市场去拿货。她们就想有人组好一盘货送到店铺里,自己守着卖就行。郭小姐生意做得不错,她们就依赖她,想着这么做自己的生意也不会差到哪儿。像这样的人还有很多。

说到这里,有的朋友会有疑问,为什么小雪和浙江那位店主舍近求远进货,而郭小姐就近进货却无大碍?

我是这样分析的:

(1)在服装市场里,凡事没有绝对。

（2）中高端的货品贴牌与非贴牌价格相差悬殊，撞款多了就影响品牌形象。而中低档的货品价格相差不大，反而是消费者更愿意多出一点钱买到品牌货。

（3）中低档的货品在深圳市场和广州市场雷同太多，所以，又何必舍近求远呢？

我在我的阿里巴巴博客讲过王先生和郑先生贴牌的故事。他们一个在南方、一个在北方，贴牌的档次跟郭小姐的一样，为中低档。王先生5万元开第一个店，起步之后，先后借款40万元，两年的时间发展到20个直营店和加盟店。郑先生学习王先生的做法，花五六万元开第一个店，半年不到，发展了3个加盟店。此外，还有好几个人想加盟，但郑先生希望自己先积累总结经验，之后再好好考虑下一步怎么走。

王先生经营中低档自有品牌的一些经验分享：

（1）加盟金6000元，想开店的人都拿得出来；4折拿货，既不高也不低；月进货2万元以上，退换货率8成，让店主有安全感，压力不大。

王先生说，百分百退换货对自己来说压力太大。他的加盟店月进货量最少都在1万元以上，大部分在2万元以上。两年来的数据表明，凡进货量超过2万元的店，最多一次换货不超过800元。

（2）标价是进货价的3.5倍，比如30元进价的货品，吊牌价为105元，4折拿货即42元，毛利是12元。王先生认为，把吊牌价标高，然后降低拿货折扣的做法，表面上是吸引加盟商，但实际上对消费者产生购买欲望有影响。而且30元的货品标4倍即120元的吊牌价，实际上按3折36元拿货，自己的毛利才6元。

（3）所有的退货都放到直营店在淡季的时候打折销售。平时所有的店铺都不打折，只有会员可以享受9.5折的优惠。平时不打折保护了加盟商的利益，也赢得了顾客的口碑。此外，品牌给顾客的感觉就是不打折，难得碰上直营店淡季的那一次打折，他们当然不会放过。

（4）有眼光，看得远。王先生开第一个店之前就成立公司，注册商标，请专业人士设计店铺。

（5）对市场熟悉，定位准，切合个人实际。定位中低，投资相对较低，店铺的选址、装修，以及货品的投入等，初期不足5万元。光说店铺月租，中高端女装店没1万元左右拿不下来，而中低端的三五千元足矣。

（6）吃苦耐劳。5万元开一个贴牌店铺，进货、换标、销售等都自己动手。周转资金不多，货品是缺一点补一点。

（7）看款眼光好，组货能力强。进货的时候，联想到店铺销售的场景，王先生可以站在导购员的位置，想着如何达成连带销售；站在顾客的位置，想着什么样的搭配才会连带购买。他的货品通常是顾客买了打底的，就想买一件外面的，然后再想买一条裤子。货品单价不高，让客人尽可能多地购买商品，品牌才能快速成长。

（8）以自己积累的经验，建立起导购员培训体系。所有的导购员他都手把手地教，包括理货、陈列、销售等。

直营店的成功，奠定了发展的基础。绝大部分加盟店都是朋友和品牌的老顾客开的。如果没有直营店的成功，王先生也很难借到40万元助力发展。所以说，要想证明自己，必须拿出真材实料，用业绩说话。光凭一把嘴，如何能赢得朋友的解囊相助？

郑先生经营中低档自有品牌的一些经验分享：

（1）我国南北方在地域、文化等各方面都有差异，任何经验和模式都不能照搬照套。要考虑到当地的消费人群、消费能力等，根据他们的需求考虑上什么样的货。

（2）风格定位是时尚潮流，店铺要小，不超过二十平方米。进去四五个人就满满的，很多顾客都是去了四五次才能挤进去。越是挤不进去就越想进去。如此造就人气，再口口相传。人气是最好的广告。

（3）一个星期上一次货。像箱包，一个款就上一个色，十几个款就十几个色，而且每次上的都是新款。服装类好卖的款最多补三次货，补一次都是一两件。给顾客的感觉就是看中了的货品就要当即购买，否则很快就会没货，想买都买不到。

（4）店面销售是郑先生的短板。他就直接管理店长，将思想和理念灌输给店长，让她带领导购员去好好经营。

（5）认准了一个店亏几万元还承受得起这个道理，没有把握做起来也要做，先干了再说。郑先生认为，如果要是不做，估计想法过去以后就做不起来了。开弓没有回头箭，把自己逼上路，然后再逼迫自己想方设法把店铺做好。

需要说明的是，服装生意总会受到诸多因素的影响，本书列举的成功案例，我们需结合自身的情况选择性地吸纳和消化，并在实战中不断地总结、调整。案例的主人公在某一时间段某一方面的经营上获得成功，也是各种因素综合作用的结果。同时，也不能代表主人公能一直成功下去，因为市场和模式总是不断地发生变化，经营者本身境况与想法也在不断地发生改变。

5

把摆摊做成光艳、冠冕堂皇的"名品折扣特卖会"

年前两三个月,我收到很多这样的短信:"××服饰公司在××酒店举办冬季特卖会,十几个国内外品牌均3折销售"。

在酒店举办的所谓的品牌服饰特卖会,很多都是个人或小公司卖仿货。

很多城市也有在大型展馆举办的鼓吹众多国际国内品牌参展的大型特卖会,并在当地的电视、报纸、社区等大做特做宣传广告。大型的特卖会里也未必全部都是货真价实的品牌折扣货品,难免有浑水摸鱼的商家。在二线、三线城市,那些卖仿牌的个人和公司特别活跃。他们在当地的四星、五星级酒店临时租个地方搞品牌服饰特卖会,然后做各种各样的宣传推广,如雇汽车挂上广告牌,请一队人马骑自行车挂广告牌,请一些人列队步行手持广告牌,穿街走巷地推广,大造声势。他们还手写请帖连同广告宣传单,到单位、社区派发。大多数收到手写请帖的人,倍感尊贵。

在写字楼搞特卖会,如果卖的货品低端一些,那么与街上摆摊没多大区别,只是各自摆摊的环境不同而已。但往往是,我们在选择摆摊创业的时候,一般只会想到在街上的流动小贩。很少有人会想到租写字楼,把摆摊做得光艳一点,更冠冕堂皇一些。

再往前一步,在写字楼搞特卖会,卖的货品高端一些,搞成"名品特卖会",那么就与在酒店租地方搞品牌特卖会没多大区别。甚至,赚的钱比在酒店搞还要多。

北京的李先生2011年5~7月在街上摆摊，中间曾尝试了两天在写字楼摆摊，卖的是低端货品。2011年12月~2012年1月，他再次到写字楼去。这回他卖的是"高端货品"。

李先生第一次到写字楼摆摊，本书前面有说明，也有总结。李先生第二次到写字楼销售的货品档次高了很多，称之为"名品折扣特卖会"。

第一，他找顶级写字楼。该写字楼的员工有内部消费卡，最底层的员工，内部卡每月都发2000元。这些金额只有两个消费途径：吃饭和写字楼内购物。

第二，他走高端路线，推出私卖制概念。主题背景图写"奢侈品私卖俱乐部"。宣传文案如下：

××私卖俱乐部，是一家以欧洲奢华时尚理念为核心，秉承欧洲时尚风格，并将其贯穿于整个形象服务过程中的时尚机构，是专注于国际名品折扣私卖的高端时尚俱乐部。该俱乐部运用国际买手及品牌整合的方式，借助在时尚俱乐部私卖制的营销平台，召集全球各地50余位服装设计专业的设计师和时尚买手在欧洲、香港等地定期采购，以便让中国越来越多的时尚人士享受名牌折扣带来的实惠，体验服装搭配师针对个人的场合需求和风格愿望，运用最科学的专业方法将客户的风格与最新的时尚结合，提供时尚专业的指导和建议。从而让客户达到个人形象、品位、气质上的完美升华，成为日常生活中的明星。

再手写数百份邀请函分发给写字楼上班的人。邀请函可当200元现金优惠券使用。

费用预算：大牌包装袋3000元；卖场背景墙制作、桁架租赁等1000元；新闻灯、圣诞树、邀请函、宣传册等2000元；服装展架2500元；公关费5000元；场地租用22天共1.5万元；货品8万元；导购员工资3人共9000元。

货品主要从深圳市场采购。货品以女装为主，少量男装，进货价为200~500元，售价定在1000~3000元。

2013年12月19日开业。当天人多，中午都忙得走不开，但成交少。可能是价格定高了。当时的折扣是8折。限于与物业公司的合作约定，要不真想5折销售。全天营业额为5000元。

2013年12月20日，营业额为3000多元。

2013年12月21日，营业额为1.78万元，其中毛利为1.2万元。

2013年12月22日，营业额为1.22万元，其中毛利为8000元。

……

写字楼一直这样下去，货品更新要跟上。当时货品更新因为资金周转困难而有难度，李先生想用赠送礼品的方式刺激消费。

此外，想把敞开式的卖场用背景图围起来。很多人反映在敞开式的卖场不好意思在同事面前试衣服。

但是，围起来后销售并没有起色。12月26日营业额300多元，12月27日营业额5300元。也有可能是周一、周二销售自然疲软的原因。

事先准备周三至周五搞活动，计划声势大一些，一天一个特价，结果：

12月28日，营业额为1.155万元；

12月29日，营业额为2.8万元；

12月30日，营业额为1.4万元。

12月30日没有按计划特意推某一款特价衣服，但前两天促销带来了口碑宣传，很多人一大早就来购买。

促销带来的是营业额的提升，但毛利率在下降。此外，促销的节奏把握也很关键。促销多了，客户也厌烦，但不做促销就没有人气。

6

大卖场走过了它的黄金时期，但用心做还是有钱赚

大卖场主要是指面积不少于 500 平方米的单店。也有人将由多个店铺组成的具有一定面积的商场称为大卖场。因为之前的大卖场卖的服装以中低端为主，现在部分大卖场转型做中档、中档以上的精品，为了区别开来，冠名"服装超市"。

一些大众品牌之前货品较为单一，以年轻休闲风格为主，初期市场扩张追求数量，店铺面积不大。品牌发展起来之后，货品较为丰富，有的品牌货品规划甚至包括男女老少的各种品类，市场扩张也要求店铺面积不少于 500 平方米。像这样的店铺，称之为大卖场，既体现了店铺的大而全，也显示出卖场在价格和服务方面的优势。但随着市场的变化发展，运动休闲的大众品牌在 2013 年、2014 年出现了关店潮，未来也不看好。真是此一时、彼一时。

"大卖场走过了它的黄金时期，但用心做还是有钱赚。"这是东莞一个做散货的大卖场二代的感悟："现在做的人没有那么多了，而且之前的资源优势还有一些，大卖场调整货品档次和结构，自己再去多学习企业管理，这条路还是可以走下去的。"老上一辈人做了十多年的大卖场，在利润逐年下降的今天，自己全身而退去做别的生意，然后把卖场交给年轻人。

说到大卖场，不得不说 ITAT（International Trademarks Agent Traders，

即ITAT国际品牌服装会员店集团有限公司）。自ITAT 2004年9月在深圳地王大厦开设首家店，不到4年的时间，在全国开了近700家店，销售额由2004年的数百万元跃升到数十亿元，成为全球扩张速度最快的连锁服装零售企业。

凭借着"铁三角"模式，即服装生产商、ITAT、商业地产商形成三方联盟（由服装生产厂商（供应商）负责供货；商业地产商（物业）负责物业场所服务；ITAT只负责门店装修及经营管理，并且拥有收银控制权和人员管理权。三方在销售额上按比例分成，供应商占54%~60%，ITAT占25%~36%，商场物业占10%~15%），ITAT实现了轻资产和低风险。

ITAT于2009年迅速折戟，它的存在仅以一张公司营业执照仍然有效为象征。2012年听说ITAT蓄谋东山再起，但在两年之后未见动静。ITAT之所以失败得那么迅速，那么彻底，一个曾经的ITAT供应商这样分析：

（1）其创始人实质上不是在经营服装，而是在玩资本。

（2）管理问题。以货品管理为例，ITAT初期的货品不错，但随着它的快速扩张，货品供应失控。部分供应商以极低的价格采购库存产品以正价供给ITAT，像那些没什么卖相的库存牛仔裤以5元左右的价格采购过来，放在ITAT卖"68元""88元"这样的价格。卖多卖少似乎对供应商影响不大，但浪费了货架资源，破坏了卖场形象，影响了导购员的积极性。

（3）2009年，当时的情况非常混乱，有的店被业主收回，有的店被员工分掉，有的店遭到供应商的哄抢，有的店转给了供应商。为什么不在呈败势之前，自己主动、分步骤地缩减卖场数量，把缩减卖场的货品搬到指定的卖场搞特价清货呢？真这么做，清货的卖场生意会好转，营业所得的钱可以偿还供应商的部分货款。说不准最后可以保留数十家卖场，东山再起。

"铁三角"模式本身没有问题，像货品供应失控属于管理问题。但之前媒体大吹特吹"铁三角"模式为ITAT首创，这个就不符合事实了。服装商业模式的精髓在民间。民间大卖场的"铁三角"模式先于ITAT。说实话，是ITAT曾经的光芒照亮了这种模式而已。

ITAT最早在深圳的7家店都是交租的，做样板的。样板树起来了，就开始跟物业谈优惠条件。大卖场跟物业的合作主要有两种：一是交租；二是扣点。ITAT的"铁三角"就是给物业扣点。这是早在20世纪90年代大卖场兴起之时就有的合作模式。只不过当时交租的方式占据着主流而已。

2000年到2006年之间，是珠三角一带大卖场的鼎盛时期，民间大卖场与供应商的货款结算周期明显优于ITAT。那时候，相当一部分供应商是年头供货，年尾才收货款，而且还不是全部结清。大卖场开得越多，供应商铺货的额度越大，凭着这一点，一些大卖场从一家开始起步，两三年间发展到几十家，甚至上百家的连锁。

最近几年，许多省份的大卖场发展势头不错。经营管理方跟物业的合作，除了交租、扣点外，还有一种方式就是股份合作。股份合作，既不用交租，也不用扣点，物业方以物业入股，按股份比例对经营收益进行分成。

大卖场跟供应商的合作更是多种多样：

• 现金采购。

• 部分铺货。

• 全部铺货，或定期结款，或卖多少结多少。但压货由卖场负责处理，并最终结款。

• 寄卖。也称代销，跟铺货有所区别，就是卖不完的货可全部退还供应商。

• 寄卖与买断相结合。采购价分为寄卖价和买断价两种，先是寄卖，如果大卖场觉得货品好卖，就提出来买断货品，买断价比寄卖价要低，买断之后，大卖场不得做退货处理。

解决货源问题，除上述几种合作方式外，还有一种，就是将大卖场划分为多个区域，招募商户进驻。具体的操作方式也是多种多样：

• 卖场经营管理方无货品采购的资金压力，只收取相关管理费用，或扣点。对进驻的商户，有的卖场要求是三线以上的品牌，以提高卖场档次。

• 卖场面积过大，货品采购资金压力大，可采取部分区域外包、招募商户进驻的方式。比如说童装区、牛仔区外包，由一个或多个商户进驻。

- 卖场经营管理方单季产品运营有优势，其他季节的货品交由其他人运营。有的人租下卖场，自己只在秋冬季经营羽绒服，夏季产品则交付他人负责经营。

- 特定季节划分出部分区域，租给他人经营特定货品。这常见于冬季的羽绒服、西服、羊毛衫、保暖内衣等。夏季的衬衫、休闲裤等，这些品类流水大，采购需要的资金大。但是有人专门做这些品类的铺货生意，可以划分专门的区域由他们供货并经营，以收租金或扣点的方式合作。

据说有些超市五六月份就把冬季特卖区域的摊位跟商户签了合同，但大卖场都没有那么早。要想冬天在大卖场租个地方卖羽绒服、棉服，一般是提前两个月左右的时间去联系，并把地方定下来。

看看在珠三角大卖场租地方卖羽绒服、棉服的计划、预算等说明：

1. 租3排货架，两个一排，共6个，每个货架长1.5米左右，两边均可挂衣服。

2. 租金或扣点自己跟卖场谈，建议按交租的方式，租金约每月1万元。扣点是做得越多，交给卖场的钱越多，不划算。谈定了合作意向，就缴纳定金。有的卖场还收入场费5000~10000元，有的则不收。租期一般是10月中下旬开始到春节前。

3. 大卖场统一收银，货款月结。导购员工资及食宿等费用由自己负责。导购员至少要有两人。

4. 货品准备。

（1）以棉服为主，羽绒服为辅，以短款和中长款为主，不做长款；做好厚与薄、背心与外套、羽绒服与棉服的货品配比；货品的陈列随着天气的变化而变化。

（2）白色系的衣服少上。棉服既可以当特价，也可以要利润。

（3）按每个货架上20件衣服计，共上120件。以均价120元/件计，合计1.44万元。这只是上架的货品，我们还需要库存备货。具体的备货量视资金、采购的便利性和布点的多少等诸多因素而定。布点多，相对库存量多，但绝对库存量少。以单个销售点多备两倍的货计，那么，总进货金额＝14400元×3＝43200元。这不包括总的仓库备货量。

（4）考虑到色、码等因素，单个销售点备两倍于货架上的货不算多。当然不是所有的款备的货都是同一倍数，根据货品的不同而有所差异，感觉会好卖的，以及大众款、特价款，量备多一些。

5. 销售。普通羽绒服的进货价都差不多，主要原因是面料、填充物和工价相差不大。棉服与普通羽绒服的主要区别在于填充物，一个是棉，一个是以羽绒为主。

（1）通常的做法，都是差不多进价的货，按阶梯定价法做出差异：198元、298元、398元……998元。这可以让顾客有对比，作出不同的选择。

（2）羽绒服、棉服一般过时没那么快。卖不完的第二年、第三年可以做特价卖。有的甚至还可以做新款卖。

6. 预算：10.920万元。

（1）货品：4.32万元。暂不算总仓库备货和补货。

（2）场地：租金按3个月计，3×10000＝30000（元）。押金为10000元。入场费另计。

（3）人员工资及其开支：3500（元/人）×2（人）×3（月）＝21000元。

（4）物流、个人费用及其他：1.5万元。

7. 市场预估。

（1）销售额：15万元，毛利60%，即9万元。

（2）成本开支＝场地费＋人员开支＋其他费用＝30000+21000+15000=66000（元）。

（3）纯利＝毛利－成本开支＝90000-66000=24000（元）。

8. 说明。

（1）以上数据仅供参考。数据和做法切勿生搬硬套。在实际操作过程中，货品的组成及各项费用都会根据地区及具体的卖场地段位置等有所变化。

（2）在 2008 年之前，羽绒服、棉服的成本以及导购人员开支几乎是现在的一半，而那时候的销售价和现在相差不大。切勿以之前的盈利水准作为现在投资的参考。我采集到 2006~2007 年的大量案例，一般每个点纯利在 10~20 万元。2006 年之前的盈利情况更好。

（3）大卖场通常是租用整座商厦其中的一个区域，注意商厦其他区域是否有同样模式、类似货品的销售点，尤其是百货商厦的超市区、特卖区，还有商厦的门口附近及广场。

（4）具体的营业额及毛利会受到天气、人流、竞争对手等诸多因素的影响。纯利 2.4 万元相对于投资来说，是一个偏低的数据。此外，纯利还没有剔除压货可能产生的成本。所以，对这种模式不能盲目乐观。

（5）同时运作多个点，总的投入会有降低。至少在备货方面，不用每个点都备同样多的货。多点运作，只需增加一个仓储点即可，备货统一存放，根据各点的销售情况再调货、补货。

（6）单品进货均价为 120 元，仅是参考数字。在实际操作中，有些人货源渠道较好，能拿到质优价廉的库存货、尾货。这样，利润空间就更大了。

（7）与阶段性地摊、地摊展销会一样，这种模式也是服装阶段性生意的一种。

在传统的商业模式中，铺货的供应商承担着极大的风险。现在，商品销售额的实时结算并不是遥不可及的事。即在完成每一笔销售之后，属于供货商的款项可以马上分账到供应商的账户。

早在 2009 年 4 月份，ITAT 为解决供应商的信任危机，引进"摩根支付——多方即时结算金融系统"，并为此召开了一个全国性的新闻发布会。遗憾的是，那时候 ITAT 的危机不仅仅是供应商对它的信任危机，即时结算金融系统最终未能拯救 ITAT。

货品结算一直是供应商较为敏感的问题。如果不能谈成完全先卖后结，亦有部分大卖场采用先支付部分货款，其余货款定期结算的模式。取得供应商的信任后，再进一步提出加大铺货的力度。

如果最初一个或最初几个大卖场取得成功，得到众多供应商的信任和支持，那么进一步复制这种合作模式的速度就会加快。

一些操盘手有众多小品牌资源，就采用招商的方式把他们招进来，由他们独立经营，或者是寄卖，绕开了货品采购的难题。以这种模式跟当地人合作，他们的股份就有可能会少了。不过，关键还是把资源整合起来，然后，复制、复制再复制，把连锁的规模做大。那么他们的股份，少即是多。

第 2 章
当下的服装零售，真的是越做越瘦吗？

7

大的工厂店有几千平方米，装修得跟商场一样

太仓、昆山一带有很多工厂店。我到过太仓参观过陈燕的工厂店。陈燕的工厂店设在一家工厂仓库内，200平方米的仓库清出差不多一半的空地，摆放衣架，挂上衣服。最初的想法是为了清工厂的库存，后面为了让顾客有更多的选择，也从别的地方采购一些库存来卖，原先只有女装，后来增加了男装和童装。

2013年中秋节的上午，我在那里调研了两个小时，看到总共有三拨人开车来到工厂选货。工厂在工业区，位置比较偏。陈燕主要通过在本地论坛发帖来引流。她的帖子纯粹就是广告帖，就两句话，卖什么货，地址在哪。但是很实用，每天都有好几拨人来购买，而且顾客的口碑传播非常快，两三天内就有不少老客户介绍的新客户过来。

中秋节之后，我在昆山又参观了几家工厂店。他们也在工业区，但是在道路旁边，店内的装修也非常上档次，不但不比商业街的店铺差，而且店铺普遍都比较大，十分有气派。

后来，陈燕的工厂店销售业绩越来越好。她决定在仓库内重新划出一块地方装修成服装店的样子，服装创业商学院的许伟民同学帮忙做装修设计。开业之后，陈燕的生意蒸蒸日上。很快，她又在当地的一个商场里租了200平方米地方，开第二家工厂店。她营销推广的重心从而转移到微信朋友圈上来了，新款一出，客人就过来选货，甚至有些款式直接在朋友圈预定。

许伟民对工厂店有很大兴趣，之前听说陈艳成功的经营模式之后，便从绍兴过来参观学习。

接下来几天，许伟民又参观了十几家工厂店。其中一些老牌的工厂店都有十几年的历史。大的工厂店有几千平方米，装修得跟商场一样，货品像专卖店一样陈列，导购员也像商场的一样专业，货品是服装鞋帽齐全。据说这样的店，平均每天能有几万元的营业额。

太仓、昆山这一圈走下来，许伟民对他所了解到的工厂店的经营模式进行了汇总。

（1）传统的工厂店。开在工厂内，销售外贸尾货库存和自己生产的货品，以及从外面补充进来的货品。

（2）工厂大商城模式。租一个大厂区，招募商家进驻，服装鞋帽一站式购物，统一收银。

（3）商业区里的工厂店。也不是特别旺的地方，租一栋楼，装修好一些，自己贴牌，货品不错，但价格并不便宜。和商场的主要区别在于打的是某某工厂店的招牌。

（4）大卖场工厂店。借一些大工厂的名气，租下工厂的一块地方做成卖场。只要有自己的货源渠道就行，不需要自己有工厂。借工厂店的概念，卖性价比高的服装。

（5）伪工厂店。招牌是工厂店，其实里面装修和货品跟普通实体店差不多。

（6）清货工厂店。一些品牌为了处理库存尾货而开设在外面的店铺，性价比确实高，就是旧款，断码，有残次品。

许伟民参观学习的心得：

（1）工厂店确实有价格优势、品质优势。太仓、昆山的工厂店的兴起，主要是大量的代工厂考虑到库存和资金的压力。国内加工成本增加，订单向东南亚转移，跑单、诈骗事件时有发生，工厂迫切需要改变局面，创造新的盈利点。而开设工厂店确实能给工厂带来效益，然后发展、壮大、创新，形成规模。

（2）太仓、昆山一带的工厂店有很多客人从上海专门开车过来进货，购买量也大。这应该与太仓、昆山外贸服装工厂多，货品品质好，性价比高息息相关。再经过长时间的沉淀，从概念形成，尝试，到转化为习惯，并非一朝一夕之功。

8 品牌折扣的几种操作模式及最新的经营要点

侯彦平之前做品牌折扣零售连锁，2012年上半年参加完服装创业商学院的学习后，坚定了转型做品牌折扣批发的信心，2013年，年销售业绩从零售时的几百万元跃升到1千多万元，2014年增加到2千多万元。

侯彦平本身从零售起步，从事批发后又和数百个零售店客户打交道，同时也接触到不少批发同行，阅历丰富，经营专业。2013年秋季，她对品牌折扣的操作模式进行了汇总、归纳：

1. 最简单的品牌折扣店

（1）招牌醒目。

（2）店面积在20平方米左右及以上。

（3）店内所有货品全部都是品牌折扣服装。

（4）装修简单，货品丰富，低价跑量，更新快，人气旺。

（5）投资少，风险小，见效快，快速培养回头客。

（6）利润回报：一年到头，有望成为有车一族。

2. 市场散货加品牌折扣

（1）普通时装店、精品店，专门拿不剪标的折扣服装，掺到散货当中，然后按吊牌打折或全价销售。

（2）利润高的店主，春夏秋装大件利润为50%，冬装大件利润为

65%~85%。

（3）具体的利润根据自己的实际情况来定。

3. 商场换标

（1）属于违规操作。

（2）正品专柜加盟店主专门拿风格类似的品牌折扣掺进来，换标按正价销售。

（3）大多数品牌折扣的发货价：春夏秋装 30~50 元 / 件，冬装 60~100 元 / 件。利润之大，可想而知。

4. 品牌折扣连锁店

（1）注册一个自己的商标，品牌折扣换上自己的商标。

（2）店招打品牌折扣或者名品折扣，按照专门店的形式来操作，装修高档，陈列考究。

（3）面积在 40 平方米到 200 平方米为主。

（4）销售价格按吊牌价 3 折。价位比普通折扣店会高些，但是比专柜要便宜得多。

（5）迅速开店，几家店同时运营，店内货品相互调换销售，促销活动层出不穷，换季时节基本零库存。

5. 单元房，写字楼，私人会所形式

（1）不是临街门店，费用低。

（2）顾客来源：身边朋友，报纸宣传，宣传彩页，口碑相传，QQ 空间，微信，以及其他网络推广，等等。

（3）名品折扣私人会所，货品定位高端、大牌，合作对象有美容院、高档理发店、咖啡店，等等。

6. 品牌折扣特卖场

（1）大卖场，面积在 200 平方米及以上。

（2）货品全部挂上自己的吊牌，包括未剪标的（原吊牌继续保留）。

（3）折扣服装自选超市，顾客自选，风格多，款式多，品类多，货品多，服装服饰一站式购买。

（4）价格定位简单，分门别类，一个区域一个价位，如：春夏秋装 39~99 元的区间等级，冬装 69~199 元的区间等级。

（5）男女老少，客户群体广泛，低价跑量，薄利多销。

7. 大型的品牌折扣公司，主做招商加盟

（1）注册自己的商标，对外招商加盟，网络遍布全国各地。

（2）前提是具备一定的资金实力，回收多品牌的服装库存，然后换成自己的商标，以品牌专卖加盟的形式运作。

（3）齐色齐码配货制度，季度订货会，100% 换货，等。

2014 年下半年，品牌折扣市场突然低迷，店主也是几家欢喜几家愁，他们对当前市场环境下如何经营好品牌折扣特别关心。为此，侯彦平在分析市场以及与众多店主沟通交流的基础上，又总结出以下几个经营要点：

（1）品牌折扣店的面积。初次开店，面积最小不低于 30 平方米，最佳面积为 50 平方米左右。之前说最小可以 20 平方米，但是随着市场的发展，就目前的情况来看，太小的店生存的几率很低。店太小，陈列服装少，顾客选择少，很难留住他们。

（2）折扣店的装修，形象与陈列。现在还认为折扣店就是低档、低价，不需要装修，不注重形象，只要服装好、价格低就行，这种想法已经严重与市场脱节了。

装修好不等同于要花大价钱，关键是用心。首先，店招要大气，店内灯光一定要明亮。装修前最好是先去各大品牌专柜转转，找到跟自己店铺格局相近的，风格类似的，拍几张照片回来作为参照。

店主要学会简单的色彩搭配与陈列，让顾客来到折扣店好像是来到专门店。如此好的氛围，加上实惠的价格，成交率会大大提高。

（3）折扣店的服装铺货数量。铺货数量的多少直接影响到店铺销售的多少，这是重中之重的一点。折扣店最保守的铺货数量是每10平方米100件，最佳的首次铺货数量是每10平方米150~200件。这根据季节和店铺的格局多少有些出入。

河南有一个客户，60平方米的店铺首次铺货2000件，从开业到现在都没有少于这个数字。货品丰富，品类风格多，开业当天就销售6000多元，最近的日均营业额在1万元左右。有一部分店主，店铺开了，装修也很漂亮，就是不敢拿货，怕压货，有时候不敢承担风险才是最大的风险；有一部分店主，资金不足，能进多少算多少，先挂着卖卖，这样的情况建议暂时别开店，等条件更成熟一些再开店，既然做就要做到位，做不到位，赔的概率很大。

（4）折扣店的推广及促销活动。开门红，是店主都期望发生的。开业前期的宣传、活动策划都极其关键。日常运营，除了一年当中大家都熟知的重大节日外，我们都要会策划自己小店的月活动或周活动，以此来达到及时消化库存及一些难出手的货品。运作得好，折扣店要想达到每个季节基本零库存并不是神话。

# 第 3 章

丰富多彩的商业（经营）模式

1 有的人二手服装生意也能年赚近百万

说起二手衣服、旧衣服，很多人会联想到"洋垃圾"。其实，二手衣服和"洋垃圾"不是同一回事。之前，我分析过深圳的二手衣服、旧衣服回收、收购与分销的产业链。

我曾接触过在深圳做二手衣服生意的人。他有15个下线，每个下线负责15个小区（下线跟小区的清洁工打交道）。那么，他的业务范围就覆盖了225个小区。而15个下线，他们各自负责的小区稍微密集一点，走路的话一天就可以全部走完了；小区有些分散一点，骑一辆自行车也是完全可以一天走完的。

小区居民每人"年产"二手服装4千克（应该是很保守的估算。深圳人搬家频繁，搬一次家扔一次衣服，女生一次扔十几、几十千克衣服的多得是，扔了再买），按每个小区平均1500人（2.5人/户，600户，也是很保守的估算）计算，那么每个小区年产二手服装6吨。225个小区，"年产"二手服装就是1350吨。

下线给上线老板的常规价格是4000元/吨（2009年的数据。特例后面会讲到）。老板加15%出手，赚600元/吨，1350吨就是赚81万元。

下线基本上是对半赚的，赚2000元/吨，那么做15个小区，他一年能赚上18万元。而清洁工收二手衣服是不用钱的，15个小区的清洁工一样能赚上 18 万 / 年。按 90 个清洁工计算，则是 2000 元 / 人。

以上老板、下线、清洁工的利润，都是常规的算法。像深圳这样的地方，有多少人是穿烂了衣服再扔的？所以，烂衣服、脏衣服他们是不收的。他们收的衣服都在七成新以上，有的甚至是全新的、没有穿过就扔掉的。此外，内衣和老年人的服装他们是不收的。

像附加值高的服装，如一条好的牛仔裤，算 1 千克，常规价格是 4 元，但实际上，下线出手 12 元的都有。

接着，我们算算附加值高的二手服装，老板能赚多少钱。假设这样的衣服占总量的 8%（这个比例不高），就是 108 吨，平均 1 千克一件（也就是厚的牛仔和冬装达到 2 斤重的），就是 10.8 万件（如果衣服不足 1 千克，件数更多），每件赚 8 元，合计 86.4 万元。

前面常规算法的年赚 81 万元扣除 8%，再加上 86.4 万元，就是 160.92 万元。这才是老板一年真正的毛利。

深圳在回收二手衣服上有质和量的优势。我之前也分享过安徽李先生收购二手衣服、旧衣服，洗涤、整理、包装后销售，年赚近百万元的故事，当时是隐去地名的。这个案例，收购衣服是在江苏的昆山市，销售在安徽。昆山在我国综合实力百强县（市）中排名首位，外资企业多，年轻人多，回收衣服有质和量的优势。李先生回收一件 T 恤 1 元，按深圳每千克 4 元的价格，一件 T 恤顶多半斤。这样，昆山与深圳的行情是一致的。

2009 年，有江西的网友想复制这一模式，结果以失败告终。他先是在上饶收购二手衣服，几乎收不到。一个月后，转战南昌，还是遇到同样的问题。后来，凡是有人告诉我想收购二手衣服，我都劝他们不如做新款或做库存更为实际一些。

服装的商业模式多种多样，其中一些模式并非人人都能做。我们权当是对服装的商业模式多一份了解罢了。我更希望大家能结合个人实际，实践创新的服装商业（经营）模式。

第3章
丰富多彩的商业（经营）模式

❷ 商机无处不在，有人专门收购商场（店）清仓货

倒闭工厂里面的库存以及海关罚没的货品，大都很便宜，甚至比工厂正常的库存还便宜。当然，便宜是指一手的价格，这个需要关系和实力。

收购商场（店）清仓货，很多人都有机会。叶先生平常就是开着车在珠三角各地兜风，看哪里有倒闭的商场、转让的店铺。如果有清仓货，叶先生与人家谈妥价格，就全吃下来。

叶先生有三四十个下线分布在珠三角各地。下线有一半是专职的，有一半是兼职的。前几年，在工厂上班，一个月有两三千元的工资、一年有两三万元的收入算不错的。专职的下线，平常就是骑着自行车或乘坐公共汽车转大街小巷，发现有倒闭的商场、转让的店铺要清仓，就打电话给叶先生过来谈货品的收购价格。成交了就拿提成，不成交就拿点辛苦费。一年三百六十五天，下线只要碰上成交一单大生意，拿的提成就超过在工厂上班的全年收入。

2008年9月20日某市发生了一起特大火灾，接着就是全市消防大检查，再接着就是有不少因消防不合格必须马上停止营业的店铺。我得知，朋友有一个几百平方米的卖场，因消防不合格被马上停止营业。这种情况连开门营业清仓大甩卖的机会都没有。他有近

两千件衣服和五六百双皮鞋。那时正好是换季时间，他的衣服大部分是刚上的新款秋装，还有少量的新款冬装，平均进货单价为50元，总货品价值近10万元。他以平均10元/件不足2万元的价格一次性处理。当时，货品都打好包了，如果没人要，他得另外临时租个仓库存放。皮鞋更加便宜。皮鞋是上一年的货，他一次性处理的价格是7元/双。这对叶先生来说就是极大的机会。

2010年3月底，青岛的王先生逛菜市，看到离菜市不远的地方有一个服装店因马上要拆迁了在清货。店主的货全是刚从广州白马市场进回来的春装，有400多件，进价都有100多元。王先生第一次进店，店主开价4万元全清。王先生还价1.5万元，谈不妥。王先生到菜市逛了几分钟第二次进店，还是谈不妥。王先生再次到菜市逛几分钟。第三次进店，最后终于以1.5万元的价格成交。

王先生自己开有一个服装店铺，做的类型与这个相符。这次他收购的清仓货，从进货的差价上，他赚了3万元左右。

有人专门收购商场（店）的清仓货，有人专门收购批发市场的尾货，有人专门收购库存尾货市场的尾货，也有人专门做收购零售店铺尾货的生意。

批发市场的尾货，很多人去收，很多写字楼不堪屡屡被扰，就在门上贴上"尾货免进"。零售店的尾货则与之相反，基本上没有收尾货的人过问。

有的零售店铺在店里低价大清特清尾货，没有顾忌；有的则特别忌讳在店内清货。有些滞销款，就算是清货也难以卖掉。因此，零售店主对压货的处理是个头痛的问题，部分淘宝店也头痛这个问题。

零售店的尾货款多量少，总量相对也少，一般的库存尾货商看不上零售店铺的尾货，不屑去收或根本就不会去搭理这种生意。再说，零售店铺分散在各地，大都离批发市场较远，尾货商想找店主不容易，店主想找尾货商也不知道去哪里找。

零售店的尾货虽然相对较少，但积少成多。没有尾货的零售店很少。只要不是面积太小、货品太低档的店铺，有数千元的尾货很正常。有人专门上门联系零售店铺以极低的价格收购这些尾货，然后找地方特卖销售或地摊销售。

有些店主的尾货会留到次年特价销售，有些店主舍不得低价清货，有些店主在店内清货。照这么说，收购零售店铺的尾货是不是很麻烦？其实不然。平时派发些名片，并通过沟通取得他们的电话号码，偶尔发短信提示一下，有需要的店铺到时自然会联系。这样做，收购零售店铺尾货的人就省时省力了。

在批发市场，收尾货不一定是在淡季，在旺季也一样可以，因为档口难免有滞销版和死版。一些收尾货的人，除了问档口、发名片外，还仔细观察每个档口的生意情况。比如说，一个档口早上堆着满满的货，中午准备收市时还是那么多货，就说明这个档口的货动不了，这时候收尾货的人过去跟档主谈，成功的机率会大一些。

收零售店铺的尾货也可以借鉴一下。同时，也可以结合叶先生的做法一起操作。商机无处不在。

3

他们通过什么方式快速发展加盟商？

根据市场来划分货品，服装有四大类：品牌货、散货、外贸货、库存尾货。

库存尾货，亦可细分为库存货和尾货。尾货是指卖剩下来的货。尾货另一种体面的说法叫下架货，即从货架上撤下来的货。库存货通常是指压在仓库里未上过货架的货。

外贸货多指仿牌货，因为外贸原单并不多见。仿牌是侵权行为，在有关部门的严厉打击下，其市场份额大为减少。

散货也叫大路货，货品品类齐全，辐射面广，款式多，更新快，经营机动灵活，操作空间大。散货大都走的是批发路线，故那些走批发路线的品牌也被称作是散货、大路货。也有一些做得不错的散货走代理制、订货制和配货制，但零售终端基本不搞专卖制。散货与品牌货占据着市场的绝对份额。

从经营模式上讲，搞专卖的和品牌集合店的才算是品牌。中高档商场、购物广场卖的几乎都是品牌。品牌入驻商场要提供"五证一书"，即营业执照、税务登记证（国税、地税）、商标注册证、质检报告、组织机构代码证，以及授权书。

有人和商场的管理人员关系好，提供"五证一书"获得入驻商场的资格，然后采购散货贴牌。有的人甚至是采购库存货贴牌，牟取暴利。

获取"五证一书"有两种途径，第一是自己注册公司，第二是借用朋友的公司。营业执照、税务登记证、组织机构代码证等,正规公司都有。以公司的名义申请商标注册,然后通过代理公司注册、商标注册等业务的中介公司取得质检报告,再加上公司出具的授权书,"五证一书"就齐全了。

商场里的品牌看上去都很风光。有的品牌生意确实是好,但有些品牌的生意实在是不敢恭维。很多人只看到好的一面,所以想方设法加盟一个品牌入驻商场。好的商场,对品牌的知名度或档次要求较高;好的品牌,对商场的档次和经销商的实力要求较高。而且好的品牌经过几年、十几年的市场拓展和积累,后面的人想加盟几乎是没有什么机会了。正因为如此,很多人加盟一般的品牌,入驻一般的商场,生意并不好。

一般的品牌往往是鱼龙混杂。有的品牌不顾及市场的差异性,为求店铺数量的增长而盲目拓展。对于品牌,大多数服装人是又爱又恨。对于品牌加盟,我们不仅仅要选择适合于当地,适合于商场定位或街铺位置的品牌,而且还要防止上当受骗:

(1)可以通过博览会、交易会等平台寻找品牌。对于一般的品牌,切勿在现场签订协议、合同,更不要现场交付定金或现场转账。切勿认为参加展会的品牌都是靠谱的。做电视广告、找名人代言的品牌也不一定靠谱。

(2)可以通过互联网、服装类杂志、报纸等途径寻找品牌。除了在互联网上搜索意向品牌的相关资讯外,还要实地考察。重点考察品牌的开发部门和加盟店情况。最好能够独立考察三家店铺以上。通过口碑相传得到的品牌信息相对来说可靠一些,但仍需多渠道获取品牌相关资讯,并实地考察。

(3)加盟合作的细节很重要,合同的条款要看仔细,有模棱两可的地方一定要弄清楚,并在合同上标注。那些说预付定金越多拿货折扣越低,定金预付动辄几十万、上百万元的品牌,放弃它绝对不会是错过。品牌多得是,没有非做不可的品牌。

(4)全国各地都有加盟店铺的品牌,不一定适合自己的市场。适不适合并不是只有做了才知道。做之前就要充分调查、了解品牌及其货品,还有当地市场的情况。适合自己的才是好的品牌,版型、花色、款式等要特别留意。

尽量不要加盟受众小、太个性的品牌。"独特定位、特色风格"的货品可优先考虑。

（5）价格太高的品牌，就算是欧美一线品牌也要谨慎选择，更别说是一般的品牌了。有些品牌，货品对得起价格，消费者也喜欢，但"钱包"不喜欢。千万不要以为高端品牌"卖一件出费用，卖两件就是赚"。市场是很残酷的，不适合当地市场的货品卖不动就是卖不动。

（6）不要相信所谓的"法国品牌""意大利品牌"，也不要相信什么"优秀品牌""十大品牌"。这些都是浮云，因为它不能保证赚钱。再次强调，适合自己的才是好品牌，包括货品和合作条件。

有些品牌招募加盟商的政策是5折供货，卖不完的按约定期限全部退货。说起100%换货或100%退货，让人不由得联想到加盟骗子公司。服装加盟这块的操作条款，很容易让一些不法分子钻空子。

比如说开订货会。模特展示的样衣非常不错，于是加盟商满意地下单。等收到货品时，发觉面料的质感不对劲。原来是换面料了！有些面料换了，普通人一看就知道；而有些面料换了，没有点专业知识的人根本看不出来。有的品牌商就打算骗人，根本不在乎把品牌做砸。而加盟商也没有办法把当初订货会上模特穿的样衣拿到自己手上作为验货的标准。

比如说配货制。货品由公司配送，加盟商基本上没有选款、组货的权利。之前公司展厅的衣服，明码标价，这个蒙不了加盟商。但展厅的衣服，公司说很好卖，卖光了，然后不断地推出新款。可是新款不怎么样，总感觉价格太高了，跟货品对不上。

这些品牌公司骗人又不是一回两回，为什么还不断有人中招？

一是这些人缺乏对服装市场、模式的了解；二是品牌公司以"100%退换"的条件作为诱饵，甚至有些品牌公司免加盟金、保证金，这样做的目的就是为了鼓吹"零风险"。

100%退换，意思是不好卖的、卖不掉的货都可以退回到公司，可以换货，但是不能退钱。货品越换越垃圾，越换越贵。一直换到自己都不想换，只想放弃这个品牌为止。加盟商一个季度订货十万、八万元是常事，要是公司一个季度骗上十个八个人，也能骗不少钱。

接着说那些用非常规模式、正正当当做服装生意的公司。

有些公司招加盟商，免加盟金、保证金，货品5折拿货，100%退货。百分百退货与百分百退换货有着根本的区别。退货可以不换货，有货款在公司那里的还可以退钱。

5折拿货，对一些知名品牌来说，折扣低了，对大多数普通品牌来说，折扣高了。一个普通的牌子，5折拿货是为了保证品牌商的利益以及其他优惠加盟条款不折不扣地落实到位，像"100%退货"的承诺兑现，压力和风险都不小。可以这么说，这也保证了加盟商的利益。

加盟商也不是没有压力，需要承担所有租店的费用；店铺的选址需经品牌商的同意，按品牌的统一风格装修，货架等需要向品牌公司购买；此外，店铺每月还要承担租金、导购员工资，以及其他费用。因此，品牌商不担心加盟商会消极地销售货品。但是，其他店铺都有这些费用。相对于自己到市场采购，或加盟其他品牌，"100%退货"就好像一颗定心丸。至于货款支付方式，由公司与加盟商谈妥。最初的加盟店，都能获得先卖后结的支持。如果完成销售任务，且退货率低，公司还会有返点奖励、逐年返还装修及货架费用等优惠条件。

问题的关键是公司的选款组货能力。一些公司拥有专业的选款组货团队。他们通过这样的方式发展加盟商，两三年内能达到两三百个。

公司选款之后向他的供应商订货。订货的数量在之前的销售数据基础上结合店铺拓展的计划计算出来。打个比方：

> 2010年30个店铺销售1500万元，按20%的速度增长，2011年的销售目标是1800万元。

2011全年计划拓展30个店铺。因开业时间有先有后，每个店铺按平均数35万元计，那么2011年新增店铺的销售目标是1050万元。

以上合计为2850万元。全年按这个总额，依据往年的销售数据，订货时具体细分到季度、品类、款式、码数，甚至颜色。每个季度推出多少版，先期推出多少，后期推出多少，都有一个计划。

实际操作根据实时数据及时调整。只要前期的数据分析做得好，调整的幅度就少，对市场变化的反应就快，调整所付出的成本就低。

当季的店铺数量是订货时确定款式数量与每款数量的重要依据。比如30个店铺，夏装换季时每个店铺上60个新款，每款上两个色三个码共6件（平均计算，品类不同，色数和码数要求都不同，有些货品可能是均码，有些货品可能定三个色），那么总数是：

2（色）×3（码）×60（款）×30（店铺）＝10800（件）

实际上，总数10800件不变，但款式多于60个。公司所有的款式，哪怕是最好卖的，也不会铺满所有的店铺。原因是：

• 公司的货品并不是只有某几款特别好卖。

• 所有的款都铺到所有的店铺，如果有十多个款不好卖，那么压货量就会很大，清货非常棘手。

• 不好卖的款调到别的店铺仍可作为新款销售，避免本店降价销售的情况发生。

• 再好卖的款式，也很难在所有的店铺都好卖。

• 再好卖的款式，补货也是有限度的，这样有利于新款的推出，刺激消费者购买。

任何一个款，原则上只发到六七成的店铺，即只发到30个店铺中的18~21个。那么，公司换季夏装的首批款式应该是85~100个。

不好卖的款（或色和码，下同），根据具体的数据，有针对性地做滞销款处理：

第3章
丰富多彩的商业（经营）模式

- 全部店铺都不好卖的，调到没卖过该款的店铺，特价销售。
- 部分店铺不好卖的，调到没卖过该款的店铺，仍可做新款销售。

此外，公司可专门设立若干个直营店、品牌折扣店专门分销库存。

妥善安排换季首批货的销售与库存处理，后面的补货和新款推出就得心应手了。

4 衬衫工厂自产自销年赚数百万元的奥秘

通常我们把开工厂做加工的人比喻为种菜的菜农，把做贸易、卖衣服的人比喻为卖菜的菜贩子。卖菜的菜贩子低进低出，高进高出，随着市场行情走，还时不时"豆你玩""蒜你狠""姜你军"。而种菜的菜农，每天不停地松土、播种、浇水、施肥、杀虫，看天吃饭。有一句叫"菜贱伤农"。谁伤菜农最深？菜贩子要算上一份。

菜农钱难赚，但赚钱也很正常，要不然谁做？难免有菜贩子连菜农的钱也想一起赚，自己也种菜去。这就好比是做贸易的人要去开工厂。

汕头市有一个商人做毛织外贸好些年，每年做4000万元的生意，较为稳定。他以为人家工厂的钱很好赚，自己也开了一家。之前，很多帮他做货的工厂，给他提供版，给他一定的结款周期。自从他开了工厂之后，别的工厂有所顾忌，不再提供版给他，也不再给他结款周转。不出两年时间，他反而负债4000万元，跑路了。

也有菜农以为做贸易的钱很好赚，所以想放弃土地去卖菜。就好比做加工的人想放弃工厂去卖衣服。

不少人有心得体会，在淡季的时候跟开工厂的人谈淘宝、阿里巴巴、酷有拿货网等，什么都可以谈。但说归说，做归做，到了生产旺季，对工厂来说一切免谈，赶货才是硬道理。养工人不容易，要赚加工的钱更不容易。赚

第3章 丰富多彩的商业（经营）模式

加工费，那是吃饭的老本行，可不能丢。斗胆去做贸易，要是做砸了，连工人工资都发不起，那工厂就得倒闭。事实上确实如此：做加工的去卖衣服，亏的人多，赚的人少。伤不起！

做衬衫加工有五六年时间的郭先生，养着五六十号工人，一年赚几十万、上百万元，觉得非常辛苦。他不知道从哪里得到的点子，自产自销，卖男装、衬衫一年狂收数百万元。郭先生所在的城市是工业城市，市辖二十多个镇都是工业镇。他计划每个镇挑选十个卖场、店铺、地摊作为代销点，约200个点卖衬衫。他认为：

- 做加工积累了一定的资金，拿一两百万元出来尝试新模式没有问题。
- 衬衫的款式更新没有那么快。
- 选版有经验，成本有优势。

前几年，工厂30元做出来的衬衫还算不错。那时，差的衬衫十元多点的出厂价；中档的三四十元的出厂价；五六十元出厂价的衬衫已经是国内一线品牌的品质，在专柜一般都卖五六百元。郭先生做出厂价30元的衬衫。30元是给客户的价格，自己做25元即可，而且已经把工人和工厂的成本都放在内了。

郭先生真的这么做了，并赚到了钱。我们按200个点来分析他的盈利情况：

（1）每个点平均铺货200件，共铺货4万件，按25元/件计，首批货共100万元。实际操作中，他不断淘汰销售业绩不佳的客户，保留优质客户，同时开发新客户，长期保持200个左右的客户。

（2）平均售价68元/件。店铺拿30%多的提成，23元；郭先生拿45元，其中25元是工厂成本，实际拿毛利20元。制定销售制度：销量大的有奖励，销量越大奖励越多；先卖后结，卖不掉的货，全部都可以退还。

（3）一年按200天计，平均每个点每天销售5件，年销售1000件。那么，200个点年销售就是20万件，郭先生一年的毛利为400万元。

（4）400万元的毛利，粗略减去管理费及店铺奖金100万元，余300万元。其中管理费包括配送车辆、配送人员、仓储、日常办公、管理等费用。

（5）假设年销售20万件的代价是产生5万件卖不动的压货：

压货率 = $50000 \div (200000+50000) \times 100\% = 20\%$。

压货以10元/件的价格处理给库存商，亏损 = $(25-10) \times 50000 = 750000$（元）。

那么，纯利 = $3000000 - 750000 = 2250000$（元）。

（6）补充说明：地摊卖的款式与卖场、店铺卖的款式是不同的。

郭先生之所以赚钱，还有一点很关键：他的衬衫使用两个未注册商标，然后用两个香港著名男星的相片印刷海报，分别"代言"这两个"商标"的产品。

如果是注册商标，郭先生的违法行为被举报的话，很容易被有关部门依据营业执照等材料查到自己。要冒这样的风险，他还不如老老实实做自己的工厂。做仿牌也有随时被查处的风险，所以郭先生也不做仿牌，他就做未注册商标的产品。

郭先生印制一批精美的海报，张贴到合作卖场、店铺的门外。在地摊点就挂着或贴在墙上。海报上分别印着两个著名男星穿着衬衫的图片，很明白地告诉消费者，衬衫是著名影星代言的，是名牌。

郭先生这么做也是违法的。不过他认为：

（1）在一个城市的卖场、小店和地摊使用有香港明星的海报，影响力不大，明星知道并追究责任的概率微乎其微。

（2）海报没有一张贴在卖场、店铺里面，都贴在外面，万一有人举报、投诉，店主可以说海报是别人贴的。

郭先生的违法行为不可模仿，但他的模式还是值得学习、探讨的。

5 如何利用招聘启事做营销推广？

之前说过一种骗局：A要卖一批库存货。A发布供应信息的同时，用另一个马甲C发布求购信息。B看到A的供应信息的同时，也看到C的需求信息。B觉得有利可图，于是向C发出供应意向，同时向A发出采购意向。当B采购A的库存货之后，再找C已经找不到了。

这个案例也说明，卖东西的除了发供应信息之外，还可以发求购信息。比如，李先生要转让中山路88号的服装店铺一间，转让费的心理价位是5万元。他在店铺贴转让信息的同时，用另外一个马甲在网上发布求租信息："求租中山路服装店铺，面积××平方米，月租金不高于××万元，转让费8万元以内。"

这跟百度知道的推广有异曲同工之处。很多人利用百度知道推广，做自有品牌的店主也可以。找人在百度知道上问："某某品牌在我们城市有好几个加盟店，生意非常不错，我也想加盟。请问加盟需要什么样的条件？"然后自己回答："某某品牌源于意大利，风格时尚、休闲，适合25—35岁的白领，截至2011年年底，全国已有108家加盟店。加盟的条件……加盟热线……"

有一个做电位器的工厂,客户方的采购全都是某类电子工程师。也就是说这类工程师决定采购谁家的电位器。而且大部分工程师跳槽流动都脱离不了本行业,于是工厂想到一个点子,在四个招聘网站上注册账号,发布招聘某类工程师的信息。这样做一天可以搜集到好几十个这类工程师的资料,然后一一加上微信,再送资料给他们。就这么一个方法,过了20多天,就搜集到几百个工程师的资料。最重要的是,已经有工程师下单了,成为现实客户。

利用招聘启事做推广,也是一些服装品牌常用的手法。直接在报纸、杂志、网站上做广告,费用不菲。但发布招聘启事,费用就很低了,而且推广效果比直接做广告要好得多。

很多招聘启事,公司介绍占了八九成的篇幅,招聘职位只有一两行的文字,最后一行就是公司的联系电话。

公司介绍大多数为这样:

某某服饰品牌由法国著名的设计师××先生创立,至今已有100多年的历史,于××××年引进中国。目前公司拥有由法国设计师和中国设计师组成的15人的设计团队,加盟店遍及全国……全空调生产车间。员工福利待遇好……

也有的公司将招聘职位作为噱头:

诚聘总经理一名,要求有15年品牌服饰工作经验,年薪100万元;诚聘设计总监一名,要求有海外同等职位5年工作经验,年薪200万元。

一些网站会把有噱头的招聘启事做免费的重点推广,以博取点击率。

据说深圳市有一个服饰品牌,连续半年在报纸上发布招聘启事,中间接到的电话没有一个是应聘的,全是咨询品牌加盟的。广告式的招聘启事能达到这样的广告效果,高手!

6

只有想不到、没有做不到的贴牌和傍名牌

贴牌一般有以下几种方式：

（1）双吊牌：一个店里的衣服挂有两个吊牌，叫双吊牌。常见于外贸服装店，一些大卖场和散货店也有这种做法。

外贸服装，有的唛和吊牌是全的，有的是剪标的。这两种情况可能都是原单货，也有可能都是仿货。唛和吊牌完好，以及剪标，在消费者眼里都是外贸服装的重要识别特征。所以店主不会轻易地把这些特征给弄掉，然后换上其他的唛和吊牌。除非有人想把库存尾货整合成品牌，才会把之前的唛和吊牌弄掉。

店主可以给每件衣服挂上店铺的统一吊牌，吊牌上有店铺的名字和衣服的价格等。这样统一了形象，也便于向消费者推销店铺。外贸服装的连锁店，通常就是这样，统一店名，统一店铺装修风格，统一导购员着装，统一吊牌。他们把外贸库存服装采购回来，整理分类，然后分发到各直营店、加盟店。各个店铺的货品不尽相同，但店铺的整体形象是一致的。

做大众服装的大卖场，供应商很多，各有各的吊牌，显得较为杂乱。有些大卖场为了便于连锁扩张，统一店面形象，货品上亦挂双吊牌。

有些散货店，进什么卖什么，这叫散货散卖。这种做法很容易引起消费者的质疑：为什么牌子都不一样？如果旁边有卖差不多货品的服装店搞

了双吊牌或贴牌，消费者大多会选择在那个店购买。至少现在还是这样，消费者很多是不懂服装的，即使是散货，你把它弄成品牌的样子，他们就以为是品牌。

于是，一部分店铺就搞双吊牌。店主嫌拆唛和缝唛麻烦，就在市场上采购现成的吊牌，或者是自己定制吊牌，直接把它挂到衣服上。其实，换唛是有点麻烦，但也不是特别麻烦，不想亲自操作，就花点钱到批发市场找专门换唛的地方，简单的换唛每件收一两块钱，复杂的收三五块钱。只要做好保守换唛的秘密，叫当地的裁缝店帮忙也行。

如果做到这一步，那还不如贴自有品牌？店主之所以搞双吊牌是因为他们的消费群体对"品牌"的要求还没有那么高。

（2）未注册商标：就是没有办理注册手续的商标。

批发市场上有很多吊牌上的商标是没有注册的，可能他们只是想临时用一用，也没打算要把它经营成自有品牌。有的零售店主也仅仅是为了让店铺内的衣服有一个统一的吊牌而已。

有的人想先贴未注册商标，等牌子做起来再注册。这样是有风险的，或许你的商标早已被人注册，或许等你的牌子还没做起来人家就抢先一步注册。

（3）注册商标：按照规定程序申请，并经国家商标局核准的商标，受法律保护。我们可以在市场上采购散货贴上自己的商标，或到工厂起货贴上自己的商标。采购别人的品牌换上自己的商标进行售卖是违法的。但目前来说，追究这种违法行为的品牌商少之又少。如果你心仪的商标被人家注册了，你可以跟人家谈，看有无可能让人家转让给你。如无可能，你就无权将这个商标作为自有品牌来经营。

（4）他人商标：未经他人许可，盗用他人的商标或仿造品牌的产品，叫仿牌。仿牌属违法行为。贴他人商标，通常是指贴较有知名度的商标，包括国外的和国内的，如阿迪达斯、耐克、阿玛尼、波司登、安踏等。贴知名度较高的商标，往往产品的附加值也高，但被打击的可能性也越大。

贴那些没有知名度的商标，有没有附加值，得看具体情况。像女装，贴一些外国的不知名的商标，也能卖高价，不少消费者迷信这个。但是要知道，即使是贴不知名的商标，也是违法的。

（5）傍名牌：指使用接近知名商标的文字、图形、字母、数字、三维标志及其组合的商标。傍名牌的商标申请注册，大都通不过。

广泛地说，傍名牌除了商标本身，还包括由商标衍生出来的内容，比如说傍国家、傍城市、傍历史、傍文化、傍名人、傍知名度、傍权威等等。

①傍国家：以下都是傍国家的行为。

第一，纯粹的国内品牌，但包含了大量的外国元素。做韩版的，扯上韩国元素；做欧美的，扯上法国、意大利、美国等元素。这里说的元素，并不是指服装设计的元素。有的品牌在展销会、发布会等场合请外国人来担任形象代表或发言人，哪怕这些外国人只是来中国打工赚钱的。

第二，有的品牌号称总公司就在美国的纽约、英国的伦敦、意大利的米兰。

第三，有些人甚至先到国外注册品牌，再回国内注册，而品牌的运营全在国内，跟国外丝毫关系都没有。

②傍城市：在贵阳、太原等服装产业一点都不发达的地方注册品牌，有多少消费者认可？所以，很多店主想注册商标做贴牌，他们首先考虑的是深圳、广州、杭州，其次是考虑东莞、上海等城市。别说贵阳、太原等城市的店主这样考虑，就连北京、武汉的店主也大多数会这样考虑。这就是傍城市。

③傍历史：在国内是近十几年才注册的一个假洋鬼子品牌，在国外压根儿就没有，却偏偏宣称与某个国家18、19世纪有历史渊源关系。

④傍文化：没文化不能称之为品牌。出来没几年的品牌能有多少文化？于是，很多品牌就编故事、造文化。这个品牌说自己是设计师十几年前在法国卢浮宫门口得到灵感而诞生的，那个品牌说自己是一百多年前某设计师在颠沛流离、饥寒交迫之时坚持创作而形成的风格，等等。

⑤傍名人：有太多的品牌在傍名人上做文章。

请名人做形象代言人，做广告、题字、签名；或者是请长像跟名人相似的人做形象代言，签名也是模仿名人的。

有的甚至未经名人许可，直接用国内外名人的图片，放到吊牌、包装袋、画册和广告牌等位置上。尤其是外国明星的头像被利用得较多，品牌的知名度不是很大，外国明星一辈子都不知道有这么一回事。

某西服品牌开出200万美元的价码欲请美国前总统克林顿做其形象代言人，被克林顿婉拒后，又开出2000万美元的报价。这事最后没成，却制造了新闻事件，成了世界各地媒体炒作的内容，受到了大众的关注，成为营销人士谈论的焦点。

该品牌后来赠送克林顿一身行头。利用这一事件，该品牌以"总统系列西服，限量上市"为噱头，又炒作了一把。这种手法并非孤例。另一个国内的品牌，其一件T恤得到了某港台明星的签名。要请该明星做品牌形象代言人，价格非常高，于是该品牌对外炒作，推出某明星签名T恤限量版。给消费者的感觉是，该明星就是该品牌的形象代言人。

⑥傍知名度：这里不是指有知名度的名人和时尚城市。

没有做过任何电视广告的牌子，冠以"××TV"上榜品牌；写软文，通过网络公关公司发表在一些知名的网站上，冠以"××网"重点报道或重点关注品牌。

还有的私自印刷杂志，冠以知名时尚杂志的名字，或自拟一个时尚的杂志名字，里面的内容都是国内外著名品牌的相关图片和文字，然后中间插入自己经营的牌子的图片和文字。让读者误认为这个牌子与著名品牌是同一个档次，有同样的知名度。

⑦傍权威：利用权威部门或权威认证机构来提高品牌的地位和知名度。有关部门很多，协会更是多如牛毛，大多数品牌不整几个"被××部门评

为十大优秀品牌""被××协会评为消费者最受欢迎品牌",好像底气不足。也有人炮制国外的奖项。

虽然说有的协会根本不存在,但有的品牌居然连评选单位都不要,直接写被评为"2013年度十大新锐品牌""2014最佳创新品牌",等。

7

主动关店，是为了更好的转型与发展

有一个店主问：我的店铺不在主要的街道上，但生意还可以，每年都能赚十到二十万元。货都从杭州、上海进，离我这儿比较近，但价格比较高，不过店铺是盈利的，也就没有考虑去广州上货。另外，店铺是讲价的，觉得很辛苦，而且我人在的时候就能卖多些，只有店员在的时候，就卖得少。现在感到困惑的问题有两个，一是我要不要改成定价销售？二是我要不要开第二个店铺？

第一个问题，我觉得不改为好。讲价虽然辛苦，但店铺还是盈利的。改一改伤筋动骨的，前途未卜，说不准折腾一两年后就没声没息了。即使能变好也要一两年的时间。而眼前的盈利来之不易，假设每年赚15万元，保守再做两年，就是赚30万元。不是一直不改，将来肯定要改，关键是顺势而为，现在做得太超前不行。要提升店铺业绩，从货源上和店员水平上找空间。

第二个问题，决策的主要依据，应该是现在的店铺有没有利润的提升空间。本来一个店铺可以赚40万元的，但现在只赚一二十万元。店铺还有很大的提升空间，何必另外花钱再投一个还不知道盈利与否的店铺？真多开一个，如果管理水平跟不上，有可能到时两个店都不赚钱。这样还不如专心做好一个。倘若现有的店铺无太大的提升空间，再加上老板忙得过来，店员的水平跟得上，那么倒是有必要多开一个店。

不少店主在提升单店业绩、发展连锁和转型的过程中碰到问题。孙小姐开了5个店，还想继续开店，就碰到了很多问题。

孙小姐的亲戚能来当店员的全都来了。再开店，就再没有亲戚可用。她下决心开始正规化管理，把亲戚店员都培养成店长，然后再开店。

孙小姐的货，新款和外贸库存都有。由于库存货款式多，分配到店铺的货只是记个总数和大概的价格，没有明细，也从未盘点过。新款的吊牌价好定，但库存货她只出个底价，然后由店员根据标准定。每个店都是可以讲价的，营业额由店员报多少就是多少。孙小姐后面只管每天的营业额是多少。

每个店都在赚钱，有一个店每年能赚30万元左右，其他店赚的钱在4~8万元之间。除了发工资之外，年底还发奖金，业绩好的店多发些，但比其他店铺多不了多少。

孙小姐先着手：安装监控，安装门禁系统，安装收银系统及ERP软件，实行定价销售、按规定折扣销售的制度；实行销售提成的激励制度等。观察一段时间，发现有些亲戚并没有将全部新货贴条码、入系统，有的销售也不过收银机。她平时也多次跟亲戚们说要加强管理，但还是觉得大家都熟，而且部分亲戚属于帮忙性质的，所以没有很正式地讲，效果不是很好。

就此，我跟孙小姐谈了一些个人的看法：

服装店铺的正规化管理：

（1）有奖就有罚。转型不彻底，还不如维持原状。所以不要卡在亲情上，一定要寻找突破口。

（2）新政出来，后续管理要跟上。老板初期应多抽些时间出来，到店铺跟进、指导工作，及时货品抽查盘点。这么做一直持续到走上正轨。

（3）每次配送铺货，故意比清单少发一两件，第二天盘点抽查新货。

多制造一些问题出来。

（4）招聘优秀的导购员。亲戚过渡为只管收银和库存。根据收银系统的数据给导购员业绩提成，借此由导购员跟进亲戚的库存管理。

（5）优先聘用本地户口或本地户口担保的导购，从中培养店长，以后让店长全盘负责收银和库存。

很多连锁经营无非就是复制，但个人精力有限、好的导购员难招这两点制约了店主。在山东开两个店铺的林小姐，一年中到广东进货七八次。基于对市场熟悉和眼光好，林小姐进的外贸库存货和新款，货品好、价格低，所以生意很好。

包括亲戚、朋友和客人在内，他们看到林小姐赚不少的钱，就提出和她合伙开店。林小姐本身也想开更多的店，但她最担心的就是自己分身无术，管理跟不上。我建议林小姐开三个左右的直营店，其他的店全部由别人去做，自己做专业的供货商即可，千万别合伙。

林小姐中间跟一个亲戚合伙，在下面的县级市开了一个店。但做不到一年就不做了，原因是双方对货品的定位和管理的理念不一致，分歧较大。

之前我给林小姐的建议，是基于这样的理解：

（1）她现在处于搬运工的阶段，把货从广东搬回山东来卖，赚取差价。

（2）她的优势是货源和销售。但核心的优势还是货源。

（3）本来个人精力就有限，合伙生意将会牵扯很多东西，占用很多的精力。要么是自己单独开店，要么是别人单独开店，要么是不开店。

（4）现在，别人只要来广东跑上几圈市场，也能拿到她同样的货，开一个与她一样的店。

（5）自己侧重于货源组织和整合（因为卖得起量，中间林小姐可以拿一些款直接到广东的工厂做货），发展加盟，把蛋糕做大，别人就很难复制了。

转型不仅仅限于经营的优化提升，发展不仅仅是多开店。在当

第3章
丰富多彩的商业（经营）模式

下的市场，虽然说仍然有品牌在盈利的基础上不断地开店，但更多的品牌是不断地关店。关店有主动关店和被动关店，余银英相当一部分店铺就是主动关店。

2015年4月3日，服装创业商学院同学群里张正辉分享了案例。他有五个店铺，但业绩都不好，面积都有80平方米，月平均营业额却只有3万元。五个店铺琐碎的事情特别多，令他疲于奔命。张正辉正在考虑如何提高管理效率的时候，余银英以自己的切身体会，给他一些建议。

余银英说，最难做的就是几个店，不上不下。就算是在乡镇一级，五个店的营业额才15万元，你能赚多少？盈利不好的赶紧关了，耗你精力。我刚刚转了一家，回笼资金，另外找店。这个店毛利1.9万元，减去人工5800元，租金4800元，压货不算，赚几千块我都关了。这个店开了五年，接手的时候转让费15万元，现在转出去5万元，生意最高峰在2011年，每天9000多元。后面生意不好是有原因的，变成拖后腿的了。整条街的服装店都搬走了，我是最后走的。前面的街道弄了隔离栏，加了红灯，搞得停不了车。

我也在调整方向，开店和关店一样利索。关店这事不是好事，但关了不要紧，要知道怎么死的。关店，有时候也可以是正能量，失败了爬起来重新出发，有方向就好。

最让我心痛的是另外一个店，开半年关了，直接亏损40万元左右。原因1是选址错误；原因2是开店开上瘾了。那会儿拼命开店，一下搞了四个，结果团队跟不上，货品跟不上。那个时候组货都是盲目的，一个小时逛一圈十三行写字楼就是几万元出手。鞋子进货也很疯狂，一个款40对下单，而且全款上。那时整个市场都是年结货款。每次去鞋城，小妹都喊："余银英，过来我这里啊！"

我店最多的时候是2012年底，32个。总部职员最高峰时是70多人。去年，除财务部外，所有部门全部解散。现在剩下17个店，一线导购员32人，总部员工只有7人。

余银英的转型与发展，是果断地淘汰不盈利、盈亏持平、盈利不多的店铺，然后把资源放到下一个新店上。同时，她于去年涉足网批，而且业绩蒸蒸日上。

第3章
丰富多彩的商业（经营）模式

8
"十三行买手"促进了散货界买手的发展

2011年年底，酷有拿货网出现了一个"十三行买手"。2012年春节之后，"十三行买手"可以用"一夜成名"来形容。

"十三行买手"的客户大都是零售店主，少数几个是"二批"，他们之间的合作方式多种多样：

- 有支付宝担保交易的。
- 有先付完全款再等待发货的。
- 有预付一定的金额，发货再从中扣款的。
- 有"十三行买手"发什么货卖什么货的。
- 有要求"十三行买手"负责店铺所有货品的采购，包括服装、鞋包，甚至配饰和手表，等等。

北京的"二批"向品牌商投诉说"十三行买手"在网上发布图片、公布价格，影响到他的销售。做"二批"的从品牌商那里拿货，回去加20%~30%的毛利销售是很正常的，"十三行买手"的出现，给他造成冲击在所难免。

品牌商也一度要求"十三行买手"把网上的图片撤下来。而"十三行买手"以业绩来说话，他的销售额是北京"二批"的数倍之多。所以，品牌商也就默许"十三行买手"的网上销售行为。

从2012年2月4日龙年十三行开张之日算起，到2月底，"十三行买手"

的销售额达到一百万元。从3月初到5月20日，不算线下的交易，销售额也达到了一百万元。线下的交易，也就是店主从网上得知"十三行买手"的大名，然后特地来到他的工作室直接下单，以及洽谈代购合作。三四月份，那时找"十三行买手"的店主，一天好几拨，有来自全国各地的，也有来自海外的。

我见证了"十三行买手"的整个发展过程。分享"十三行买手"模式、经验的同时，我反复强调，他并非一夜成名，成功有一个积累的过程。

"十三行买手"原是高中语文教师。从高中教师转行服装买手，是两种完全不同的领域，两种迥异的思维习惯。

立志服装创业的他，如饥似渴地学习和了解服装的相关资讯。平时上网泡各种服装类网站、论坛，积累服装知识，从天涯社区知道了我，然后知道了阿里巴巴、酷有拿货网等。2010年7月，他参加了我的服装创业商学院，之后再经过一年多的学习和积累，终于下定决心辞职。

"十三行买手"分享自己创业初期的一些心得体会：

（1）近水楼台先得月。通过学习，大致了解中国各大服装批发市场的定位。服装的定位很重要，做低档货的市场前景很渺茫，利润点很低。太高端的可以做，但是品牌化，不好涉足。女装散货目前还是以中档、中高档为主。这类目前发展最好的市场还是广州的十三行。所以他于2011年7月31日就来到广州。

在十三行附近租房，步行去十三行5分钟左右。服装行业的竞争越来越激烈，每天在十三行都能看到有店倒闭，有店新开。不断在市场逛，会发现许多书本上根本学不到的东西。天天看十三行出新款，慢慢地练就看款眼光，也知道什么风格哪家做得好。平时做个有心人，多问多看，几个月的时间就能在十三行混个脸熟。

十三行以量大为王。没量的店主档口小妹都不会搭理，更不要说档口老板了。一般的旺家，单款都是20件、30件起批，补货都要一色5件10件的。旺家大都是控货的，同一个城市或批发市场只做一个客户。

（2）多接触服装圈内的朋友。在十三行的几个月里，上午逛十三行，下午去其他市场，或者和一些服装圈内的朋友交流。生意场上真是听君一席话，胜读十年书。有时候甚至是听君一句话，胜读十年书。他就是这样做起来的，"哪家旺，就跟旺家"这句话让他不断地琢磨怎样最快捷、最有效地做起来。

旺家怎么跟？首先是定位好风格、年龄段，还有价位。通过观察十三行档口、仓库区、物流区，以及和开电梯的大叔大妈、搬运工，甚至和货车司机交流，基本上摸清了他所需要的信息，然后锁定旺家。

（3）模式与推广。不管什么生意，只要是产品销售，特别是销售终端，都会想方设法地接近货源，都想拿到一手货。有货源，只要借助一些好的平台，就可以把它推广出去。

怎么推广？刚开始是推十三行批发市场这个概念。推了几天，概念太大，效果不甚理想，只能转变思路。他身边有买手朋友，觉得买手这个概念非常切合他的情况。于是他开始注意到服装买手这个角色，然后接触服装买手这个群体，发现目前这个群体的人都是单打独斗。要是能够把他们团结起来，以买手制的形式，再结合目前流行的拼货模式，推向市场，应该很有潜力！

按照这种思路，他请教了很多服装圈内的朋友，并得到启示。于是，组建十三行最强拼货团队，在各个平台推广，从微博到论坛，从百度到谷歌。

十三行最强拼货团队以买手制的形式，通过买手敏锐的市场洞察力和预知力，为品牌商、批发商、零售店主挑选出十三行畅销款，然后以拼货的形式直接供货给他们。

品牌商、批发商可以通过他们得到十三行最新款、畅销款的信息，可以找他们直接组货；零售终端可以通过他们款多量少地拿货，还可以减少二级批发商、三级批发商的加价。

市场是很透明的，他们的价格是在打包价的基础上每件收取适当的手续费。打包价比拿货价一般要低 5~10 元不等。

"十三行买手"的模式是否可以复制？答案是肯定的。但如果没有深入了解分析他的成功核心所在，只是简单的复制模式，那么很可能会失败，甚至可能会否定这种模式。事实证明，不是模式的不行，而是各人的操作不一样，从而导致结果不一样。

关于"十三行买手"，我个人总结认为：

（1）创业需要学习和积累，有个厚积薄发的过程。"十三行买手"之前逛市场，一直在寻找机会。2012年春节之前，很多档口小妹都发愁压货的销售。此时"十三行买手"看准机会，游说档口小妹让自己拍照、协助销售。机会给了有准备的人，清货都要300多元的衣服，"十三行买手"通过微博、论坛和QQ群，两天就卖出几十件。这一单生意为次年他与档口的合作建立了信任基础。

（2）不仅仅是和档口小妹搭讪，得到她们同意档口实拍，然后网络推广那么简单。他的一部分客户是从实体店中取得的。"十三行买手"锁定旺家之后，观察旺家的客户，接着锁定旺家的客户，跟踪并接触客户，和客户建立关系。

（3）网络推广使他具备了一定的人气基础，实体渠道联系来的客户从网上搜索他的资料后，一下子就建立了信任合作关系。网络推广需要主动联系一些平台，取得他们的支持。更进一步，网站平台甚至可以帮助策划、包装和推广。

（4）锁定旺家。他跟的旺家，在十三行已经做好几年了，很多来十三行打货的"二批"和零售店主都知道旺家的货品。在这一点上，货品是不需要推广的。所以，他无需很好的拍照技术和美工技术，拿手机在档口实拍即可。网络的人气基础加上货品的品牌知名度，买手的业绩就水到渠成了。

（5）跟定旺家并非万事大吉，仍需有较强的看款眼光。"十三行买手"团队有一个做过六七年服装零售店铺的成员。而新手要成为买手，也必须具备买手的眼光和能力，但不能企求走三五个月的市场就能练就。好的买手，看准的款就主推，往往会赢得更多的客户和市场。

"十三行买手"本身也在摸索中前进，也走过一些弯路。与供应商合作初期，经常碰到货品供应不上的情况。凡是拼货数量大的款式，不是一直供应不上，就是延时好几天才能陆续供应。如何解决这些难题是"十三行买手"团队的重点工作之一。当时他有两个应对措施：

- 自己下单生产。
- 在其他档口采购同样风格、定位的现货，然后拼货、销售。

此外，应部分客户的需求代购鞋包，转变为自己采购鞋包现货向其他客户推销。

很快，"十三行买手"出现库存，且有越来越多的趋势。而且，团队的工作除了原来的选款、接单、进货、发货之外，还增加了采购现货、下单生产、库存管理、销售现货等内容，工作量远远超过团队的负荷，但销售量和利润却没有增加。还好，"十三行买手"感觉到资金周转和团队管理的困难，及时停止现货采购和下单生产。

作为买手，基本原则是零库存。尤其是买手的创业初期，必须坚持这个基本原则。

此外，限于供应链和客户数量，应从追求款式数量的基础上追求销量，而不是从单款上追求销量。明确这一点后，所有款式不再立足于满足所有参与拼货下单的人，而是依据先来后到的原则，能从供应商那里拿回多少货品，就按下单的先后顺序发货，后面下单的就没货供应。这样，反而刺激客户在每次上新时，只要看上的就不再犹豫，果断下单。

"十三行买手"不再被单款货品的供应所牵制，真正实现了利用自己在十三行的优势，不断地、及时地挖掘新款，以最快的速度发货到客户那里。

经过调整，"十三行买手"在资金周转上明显感到轻松很多，感觉"这时候赚来的钱才是自己的"。

现在，"十三行买手"团队全部集中、专注于买手的角色，拓宽推广渠道，拓展客户数量，提升服务质量水平，提高单个客户的成交款式的数量。

与供应商合作，"十三行买手"感到较为疲惫的另一件事情就是几乎每天都要及时跟进供应商的上新，然后进行新款拍照。如果有一天能够做到供应商只要上新，就第一速度提供图片，那么意义就大不一样，这不仅代表买手模式的优化，还代表市场格局的变化。

2014年，"十三行买手"的愿望大部分得以实现，随着微信的普及及其功能的最大化利用，越来越多的档口通过微信向买手、客户推送款式实拍图。"十三行买手"团队里有五六个客服专门用微信和下线客户对接。在非淡季的时候，一般每个微信客服都能接单2万元/月。其中一个微信客服在2014年11月接单85万元。

第 4 章

无店铺经营在现在和未来会表现得淋漓尽致

1 买手能否实现自己的品牌梦，我们拭目以待

我在 2010 年提出了立体式经营和无店铺经营的概念，到 2015 年微商大热，更有力地说明了立体式经营和无店铺经营是过去的方向，也是今后的方向。实际上，在 2010 年之前，就有人从事立体式经营和无店铺经营，只是没有现在和未来那样表现得那么淋漓尽致。

无店铺经营的表现形式多种多样。序言讲到我与刘先生的合作，我云游全国各地摆地摊，他则在广州组织货品发过来给我。我的地摊既可以说成是店铺经营，也可以说成是无店铺经营。而刘先生，他做我的生意则是完全不需要店铺的。他的角色也可以说成是买手。买手的工作范畴不仅仅是买卖新款，还包括买卖库存尾货。

服装买手，不再停留在"打工""职业"的层面，而是演变为一种商业模式，并不断地丰富。

传统意义上的买手，选版、组货、上货，专职或兼职受聘于一家或多家公司，领薪水、拿提成。而今，众多的买手则演绎着丰富多彩的商业模式。

受聘于公司，承担着产品开发重任的买手，属于职业买手。一部分做档口或写字楼的老板、老板娘，自己亦担当买手的角色，眼光和能力比职业买手还要厉害。有的买手到欧美日韩等地或到香港买版，但直接到散货市场买版的买手更多。他们买版回来，要么照抄原版，要么稍微改动一下，要么吸

第4章
无店铺经营在现在和未来会表现得淋漓尽致

收其中元素进行二次开发。随后的销售模式是有的做散货批发,有的直接走自有品牌路线;既有挂版接单的,亦有现货销售的。

一些经营自有品牌的,通过买版组成一盘货,然后租个写字楼做展厅,利用自己的渠道关系、人脉关系召开订货会,招募加盟商,接到订单后再下单到工厂生产。

小杜在东北的家乡有一个自己的服装小店。他常年驻扎在广州采购货品。很多远离广州的,包括做二级批发和零售的店主,生意做得不错,需要长驻广州,他们往往会选择在大通铺住宿。但像小杜他们那个圈子的人,不住大通铺,而是租房子住。大通铺四五十元一晚,一个月的开销也得在1000元上下。而在离市场有一定的距离,但乘坐公交或地铁方便的地方,租一个单间,或与人合租套间,开销与住大通铺相差不大。

小杜除了采购自己店铺的货品之外,还兼职做邻近几个城市好几个店铺的买手。作为买手,假如小杜没有自己的店铺,那么他的模式就是无店铺经营的一种。其实,小杜的买手模式,真正意义上说就是无店铺经营,即他的店铺也可以理解为是他买手角色的客户之一。

相比代购,买手对款式的选择是有主动权的。像小杜,基本上是他采购什么店铺就卖什么。这种合作的前提是大家店铺的风格定位是一样的。

代购的方式使店铺有更多的主动权。店主需要什么,代购就去采购什么。那么,这样的代购做的店铺太杂,会非常累,很难做好。所以,代购也应有针对性地选择客户。

广州新中国大厦里面贴着或写着不少"专业打货""专业补货"的小广告。我猜"专业补货"广告的意思是二批店主或零售店主将自己采购的货品给代购过目,或提供采购清单给代购,需要补货时,店主无需亲自到广州来,交由代购办理即可。

"专业补货"的生存空间:

(1)有一些批发商不受理电话补货业务,货品优先供应于现场采购客户、订货客户和大客户。主要原因应该是批发商货品供应跟不上。而"专业补货"熟悉市场,同款货品能在另外的档口或另外的市场找到,可以最大程度上保证不断货。

(2)找到仿写字楼版的档口,面料及做工完全一样,但价格比写字楼少数十元不等。"专业补货"既可以自己直接赚取中间的差价,亦可以给在写字楼进货的店主带来价格上的实惠。

实体操作中,往往是一个人混合了买手和代购这两种角色。

湖南郴州的小E,一直都有自己的服装品牌梦。2009年独自一人来到广州,从档口小妹开始做起,一做就是两年,一步一步地了解服装这个行业。

本以为借助厂家以及十三行批发档口的资源,可以实现自己的服装品牌梦,但现实的资金压力,让她觉得离梦想很远。于是她决定先从小做起,2011年年初的时候,回湖南老家开起了自己的第一个零售店,店铺面积约为120平方米。

在经营这个零售店的过程中,为了在款式和价格上有优势,小E经常一个人跑广州进货。每次进回来的款,也都会在酷有拿货网服装互助论坛里面和网友们分享。渐渐地,小E的朋友越来越多。

由于直接跑广州,拿货有优势,小E在半年后就开了自己的分店。这个新店,投入大概有10万元。小E只有4万元,为了自己的服装品牌梦,小E一狠心借了6万元把分店搞了起来。有了两个店之后,小E跑广州跑得更勤了,后来就在广州租了一个单间,作为长期打货的驻扎点。

这个长期驻扎广州打货的做法,奠定了小E后来帮各地网友代购的基础。对于小E自己的两个店来说,店里有人负责管理和销售,自己就是这两个店的买手。当这两个店理顺之后,论坛上面喜欢小E选货风格的网友也越来越多。大家都要求小E每次多拿一些货,然后分给大家。

小E一想正好，于是她就把她店里面的款全部都让导购员搭配好，挂在店里实拍，然后全部都上传到在B2B平台的网店里供网友选款。就这样，小E开始了自己的代购（买手）之路，同时也是在走自己的品牌之路。

像小E这样的零售店主做代购（批发）有她得天独厚的优势：

- 她长期驻扎在批发市场旁边，找款非常方便。
- 她集合大家的量，去批发市场里面能拿到打包价，即使加上她微薄的几块钱代购费，其他店主从她手里拿到的货的价格，也要比二级批发市场里面的价格便宜不少。
- 最懂零售店主需求的，肯定是零售店主。因为有自己的实体店，所以在上货的时候，小E会非常认真地思考：什么时候该上多少款什么样的货？经过认真思考的选择，自然会帮其他零售店减小压货的风险。

因为集合着这么多优势，小E的网络代购（批发）店铺上线一周后，就达到了每天帮其他店主代购300件左右衣服的业绩。到2012年5月，这个店铺上线两个月左右的时间，小E已经代购了上万件衣服。

当然，小E也不是一个人在战斗。这么大的出货量，小E在广州请了两三个人来帮忙，也在广州租下了更大的仓库。收入越多，投入越多。旺季的时候，发货发到凌晨四五点。累趴下了的时候，小E就想想自己的服装梦。这么多店主要自己代购，其实就是在跟自己店的庄。当量大到每个款能出几百件的时候，小E就可以把这些服装全部贴上自己的品牌，离实现自己的服装品牌梦更近了。

小E的这种店主代购模式，或者说叫店主带货模式，完全颠覆了很多新人的想法。很多服装新手，张口闭口就说要找厂家，要一手货源。厂家和一手货源都是款少量大，适合新手玩吗？反而是小E的这种模式，我觉得特别适合入行的新手跟庄和老手开分店。

而小E能不能在这种模式之上实现自己的品牌梦，我们拭目以待。

第 4 章
无店铺经营在现在和未来会表现得淋漓尽致

利用互联网的平台和工具的无店铺经营

淘宝店算不算无店铺经营？淘宝网大店的员工人数、写字楼面积、仓库面积等比实体的大卖场有过之而无不及。即便是淘宝小店，一个人、一台电脑、一根网线，也算是一个店铺。B2B、B2C、C2C（英文：Consumer to Consumer，是电子商务的专业用语，是个人与个人之间的电子商务，即消费者间）网店也是店。但在网上卖东西，不一定非得要开店。

我所理解的无店铺经营，是可以不需要实体店、网店进行服装经营、销售的方式：

无店铺经营模式：

（1）利用 QQ 群、QQ 空间、论坛、相册、博客、微博、微信等平台和工具从事服装的经营、销售；

（2）买手、代购、拼货等；

（3）转手生意；

（4）直接铺货或把货分销到下家。

无店铺经营发展到一定规模，租用写字楼、仓库，建立团队（公司），这时候划分是不是无店铺经营的意义不是很大。我们更注重把无店铺经营理解成为创业初始阶段的商业模式。

前面说到的租用写字楼做展厅，炒货回来组成一盘货，然后招商加盟接订单。有长期租写字楼招商的，也有短期租用招商后就撤掉的。类似的操作方法，说它是不是无店铺经营倒不是很重要，重要的是你适不适合做这样的服装生意。

有人将产品的图片上传到 QQ 群、QQ 空间相册，然后吸引客户看货。这是无店铺经营的一种。他们推广、营销的手法多种多样，其中有自建 QQ 群、加 QQ 群。大多数人建群的目的是学习和交流，不允许发广告或发链接。有的人就通过踊跃发言、分享经验来混个脸熟，即"增加曝光率，提高知名度"，吸引其他群友的关注，并取得信任，然后通过私聊，推荐产品。

叶先生搞了一个服装拼货联盟论坛，通过论坛把各地的店主拉进自己建立的 QQ 群。他的超级群有 40 个，几乎每个群都有 400 人以上，总数超过 1.6 万人。各个群由管理员按规定严格管理，审核、确认加群的人务必为实体店主，然后按货品的定位、风格等分配到相应的群。群内只允许分享与交流，严禁发广告及链接。

叶先生建群的目的是为日后大规模的拼货打基础。有人劝他组织些货源，以群为分销平台进行营利。但他觉得不能为眼前的利益所诱惑，应放眼于利用群资源，谋划时机成熟时引进资本，到时再同时操盘所有与群相对应的定位的货品。

实体批发商更注重实体的生意。即使对叶先生的模式有兴趣的批发商也是支持力度不足，他们不是想清尾货，就是供应链跟不上。批发商会这么认为：如果做现货在网上卖那么费时费力，还不如放在实体档口销售来得直接。

很多厂商对预售更有兴趣。但到目前为止，网批搞预售能做得起来的，凤毛麟角。

我们进一步探讨为什么很多厂家和一级批发商做网批做不起来，而炒货的，包括代购、拼货、买手等却做得热火朝天呢？

很多人的认识误区是网批有价格优势，会得到店主的认可。也有很多新手和店主反映，其实网批的价格并不便宜。

反映价格不便宜的，是因为同类货品太多，新手和店主们有所比较，网

第 4 章
无店铺经营在现在和未来会表现得淋漓尽致

批跟网批比、网批跟实体批发比,甚至网批跟淘宝比,他们总想找到最便宜的货源。其实,那些提供价格便宜的货品的网批,其生意未必就好。成熟的店主,并不是十分热衷于便宜的货品,而是热衷于好卖、能赚到钱的货品,以及在意上家的综合服务能力,即使价格贵上几块十几块钱都无所谓。

这些店主大都是有实力的、较为理想的客户。他们往往是要求网批发货时选择的快递公司是速度最快的,而不是价格便宜的。货品早一天到达,早一天上架,就早一天赢得客户并赚到理想的差价,那么,快递费多一点又算得了什么?

同理,货品不好卖甚至不能卖,价格便宜几块十几块钱又有什么用?相对于一个店铺几万元的转让费,数千元、上万元的月租,那点钱真有些微不足道。店主最关心的是货品在自己的店铺里是否卖得出去,能赚到多少钱。此外,他们特别青睐于那些款多、有现货、不断上新的网批商家。

而厂家和"一批",往往是款少、上新慢,大都以自己的货品为主。所以,即使价格上有优势,也鲜见他们的网批做得很成功。而炒货的,包括代购、拼货、买手等,能综合众多风格统一的商家的货品,并根据客户的需求精准地寻找货品。对店主而言,得到这样的货品和服务,付出合理的费用是值得的。

由此可见,叶先生要同时整合很多服装批发商做现货或预售是不现实的,至少在目前是如此。因为没有盈利,而群的管理和维护需要大量的人力,最终他不得不放弃论坛和群的管理。

如果叶先生能够在个人及团队的能力范围之内选择其中一两个 QQ 群试点,根据群的定位开展买手(含代购和拼货)的业务,那么他反而容易站稳脚跟,并有机会发展团队并逐步拓展业务到其他 QQ 群。

某市的李小姐,热衷于户外活动。她建立一个户外活动的 QQ 群,经过三四年的时间,群友发展到 400 人左右。群友们经常在一起活动,大都很熟悉。起初,李小姐本着服务于群友的想法,采购户外活动用品转卖给群友。后来,发展到采购服装、鞋包等货品,在群聊时展示推销。群友购买货品，当天或次日就能收到。我称李小姐的这种操作手法为"同城营销"。

北京的李先生琢磨QQ空间营销时发现，在搜搜（腾讯旗下的搜索网站）输入关键词"××库存服装"，搜索图片，然后点击左边的QQ相册选项，选择其中的图片进入他人的QQ相册。假设相册的主人是做外贸服装批发的，那么通过查看"谁看过我"获取他的客户资料，通过查看"我看过谁"找寻他的货源渠道。

要找到相册主人货源渠道的前提是他的上家必须是使用QQ的。通过"谁看过我"，试探、识别出谁在相册主人公那里进货，那么等同于找到客户，向他推销相同的相近的货品。

腾讯已关闭了搜索相册图片的功能。但是别忘了，QQ空间一直都是很多人做推广、销售的地方。

李先生认为，做服装的，尤其是通过网络做服装的人，大都会有一个或大或小的服装圈子。有些人做推广，连QQ昵称都是与服装有关的，如：外贸原单、品牌折扣等。想要外贸原单？北方地区的北京、青岛、烟台、大连等城市比较集中。QQ查找一搜，加上一大批这几个城市做外贸原单的好友不成问题吧？再通过他们的QQ空间，寻找他们圈子内的人。

你想做某些品类或某些风格的货品，就认准有产业优势的地方，再充分发挥QQ的功能，大胆地去融入他们的圈子，再建立属于自己的圈子！

主要品类货品的生产聚集地：

（1）女装四大产地：深圳市、广州市、虎门镇、杭州市。深圳以品牌女装和中高端女装为主；广州是著名的女装批发聚集地；虎门是中国女装名镇，但近几年其批发市场的地位在下降；杭州女装自成一派，独树一帜。

（2）牛仔四大产地：广州新塘镇、中山大涌镇、佛山均安镇、开平三埠镇。

新塘的产量最大，主要以中低档、中档的为主，高档的也有，做男装的多；大涌做女装的多，十三行韩版女装大都出于大涌；均安主要是以生产中高档服装为主，大部分是外单；三埠镇也大部分是外单。

（3）童装三大产地：佛山市、石狮市、湖州市织里镇。总体而言，佛山的做工品质最好，织里的次之，石狮的相对差些。

（4）毛织两大产地：东莞大朗镇、桐乡市濮院镇。此外，汕头市亦是毛织产地，与大朗镇相比，汕头以粗针产品为主，大朗以细针产品为主。大朗的外销加工主要以欧美订单为主，其中欧美批发商量最大，其次是欧美的大型超市卖场，也有极少部分工厂加工欧美二三线品牌。大朗的内销加工主要以广州、虎门、北京、杭州、沈阳等各地的批发档口下单为主，其次就是国内品牌商的单。

（5）羽绒服加工比较出名的地方：常熟、盐城、杭州、江西。另外，武汉的棉服较为有名。

新塘、大朗、佛山等地，分别是牛仔、毛织、童装的生产聚集地，但当地的批发市场都没有做起来。很多人知道湖州织里、广州中山八路、虎门等童装市场，以及全国各地的一些童装专业市场，但很少人知道佛山有童装市场。佛山有环市和简村两个童装市场，环市市场在搬迁，简村市场的名声在慢慢起来。前几年，有网友从网上搜索得知佛山是童装的生产聚集地，千里迢迢来到广州，然后转车到佛山，再坐摩的去简村和环市童装市场看，还没到市场，摩的司机就告诉他，这两个市场的货大都是从广州过来的。

为什么是这样？

下单生产的人大都来自广州市场，或者说下单的人更愿意到广州市场做批发。做品牌的更愿意到广州去展示和推广。广州的市场那么大，有多少人愿意把货放到简村的市场而不放到广州的市场？好比中山的沙溪镇是"中国休闲服饰之都"，可是到沙溪的新龙瑞市场去看，那里的货大都是从广州炒过来的。

3

"自设工厂，欢迎下单"，真的都有自己的工厂吗？

在批发市场不难发现，部分档口和写字楼写有"自设工厂，欢迎下单"。那些不写"自设工厂"的档口和写字楼也一样能接单。其实，他们大都没有工厂，但他们熟悉服装生产的聚集地和服装生产的整个流程。

包括很多外贸的、内贸的公司以及个人，没有工厂亦可以接单。了解服装的产业链不难。了解之后，不管你开不开店，不管店铺卖的是男装还是女装，你都可以印制名片，业务范围写上"承接服装加工"。

更多的情况是在名片上写"承接校服、工作服等团体服的定制加工"。要下单的服装商家都是圈内的人，对服装的产业链有一定的了解，想和他们做"空手套白狼"的生意相对来说不容易达成交易。而团体服的定制加工则面对各种各样的单位、企业和社会团体等，范围很宽，而且他们对服装的产业链不了解，所以有很大的市场机会。

即使我们不专职做团体服定制的生意，但备有名片，在不同的场合发放出去，时间一长，就会有越来越多的人知道我们在做这个生意，就算他们没有这个业务需求，但如果他们有类似的信息，那么首先就会想到向别人推荐我们。

我曾经在网上搜索大量的团体服加工信息，发现一个特点：绝大部分企业网站上的图片都是相同的。做网站不是一件难事，有基本的模块就行。网站的框架搭起来之后，企业、工厂为了省事，图片就直接从别的地方拿过来用。当然，这样操作的不仅限于企业，也有很多个人网站这么做。

除了做独立网站外，还可以通过论坛、博客、微博、QQ、微信等进行推广。

早些年，互联网的普及面还不是太广，很多个人并不依赖网络进行推广，而是靠双腿去跑业务。他们印制名片，冠以××公司或××工厂；他们通过各种办法，包括短期应聘到大的团体服定制公司，取得产品的画册，然后把画册上的公司名称、联系地址和联系电话抠掉，贴上自己的，最后拿着画册和样衣去联系、洽谈业务。

客户下单，交付一定比例的定金。拿着这笔定金采购面辅料，交给合作的工厂生产。

找到合作的工厂并不难，在网上搜索，再实地考察即可。工厂大都是扎堆的，打听到某个地方有团体服加工的工厂，到那里一般都能发现更多的工厂。

多渠道寻找工厂：

（1）人际关系圈子内打听；

（2）网络搜索；

（3）在网上混社区、混QQ群；

（4）发布自己要定制团体服的信息，让工厂来联系自己，然后套取其信息资料。

通过线上线下推广先接单再外发加工这种方式操作的，不仅限于团体服定制，还包括办公家私定制等业务。那些较为成熟的团体服定制公司至少有一半以上属于老板个人通过这种方拼出来。

4

创业没有固定的切入点，找到适合自己的最佳方式

一部分服装人通过无店铺经营起步，逐渐发展到有店铺经营、公司化经营。一部分服装人则是先通过批发档口或实体零售店铺积累客户，然后发展到仓库发货，实现无店铺经营。

创业没有固定的切入点，每个人都应该找到适合自己的最佳方式。

服装创业商学院先后有近10个从事IT工作长达10年左右的学员，他们要逃离原来行业，跨界到服装业。蔡骞就是其中一位。他在北京从事了近十年的IT工作，于2014年6月辞职南下，夫妻双双投奔在广州十三行做批发的亲戚，学习锻炼。他主攻秋冬针织服装，除了在档口做小弟的工作外，三天两头跟亲戚到大朗熟悉工厂。大朗有个地方，一到凌晨就有工厂把现货搬出来卖，蔡骞也像其他的批发商一样定时去那抢过很多次货。

蔡骞在大朗找到了一个专做棉麻的工厂。2015年3月，他做出几个版，做出现货发给亲戚的客户，在仓库发货，共出货2000多件，货品供不应求。这就是无店铺经营。蔡骞本计划4月在十三行拿下一个档口的，后经谨慎考虑，决定再积累一个夏天的经验，延期到8月再开档口。

服装创业商学院2期学员韦筱颖，之前是年薪20多万元的外资银行职员，2010年辞职，然后开始卖童装，先后尝试了淘宝、1688网批、实体零售和新浪微博等卖货模式，卖库存货和自产自销都干过。此外，她还要兼顾家庭，

第 4 章
无店铺经营在现在和未来会表现得淋漓尽致

几年来疲于奔命。到 2014 年,韦筱颖收缩战线,关闭所有店铺,专门做老熟客的生意,通过 QQ、微博、相册、微信出货。

还有一部分人利用自己的资源优势或人脉关系,一开始就是无店铺经营,而且从不考虑自己要开店铺。

服装市场有一个怪象,就是很多人千找万找找不到好的牌子来代理,而很多牌子到处招募代理加盟商无果。

通常情况下,有实力的品牌对代理加盟的要求会高一些,不怎么有实力的品牌其代理加盟的条件相对较宽松。如果能找到有实力的品牌,而其代理加盟的条件又没那么高的,是最好不过的事。不过,这样的品牌真是太难找了。

找到合适我们的品牌才是硬道理。每年都有很多新的品牌出现,有的品牌招募加盟商的条件不是很严格。考察这样的品牌,符合以下几个条件,可以考虑代理:

- 有一定的资金实力和优秀的经营团队;
- 有一定的产品开发能力和良好的供应链;
- 货品价格、拿货折扣、拿货量要求、退换货条件等令自己感觉到满意。

一些品牌单季(产品主要划分为春夏、秋冬两个季节)产品拿货量不足 10 万元即可做地区代理。

只代理不开店,把货直接铺到各个店铺。货款的结算方式多种多样,有现款现货,先卖后结,付一部分赊一部分,先交押金卖不完退货时退款等。具体选择哪种方式,自己跟店主谈定。这也是无店铺经营的一种。

相当一部分店主采用多品牌组合,或者是品牌加散货的模式。无店铺经营亦可以同时代理多个品牌。有渠道关系最好,没渠道关系就需要一定的资金和较强的市场拓展能力。能对加盟的店主进行经营上的指导,会更有利于市场的拓展。

5

从大店的亏钱到无店的赚钱

我们继续探讨传统渠道的无店铺经营。

王某，2006年5月份辞职创业，找门面，找货源。偶然在网上看到一家北京的服装品牌折扣公司，号称有多少多少国际大牌的尾货。那家公司叫奥××特，王某把它看成奥特莱斯，便跑到北京去。那家公司在北京一个著名商场里租有办公室，在地下室的展厅有1000平方米。于是，王某毫不犹豫地签约合作。

王某回家找市中心的门面，面积近110平方米，房租8000元/月。店铺于2006年8月底开业，第一批货卖得还可以，第二批开始，货品越来越差，价格偏高。这时王某才感觉上当受骗了。这个店经营了6个月，王某承担不了高房租，转掉了，亏不少钱。

接着，王某在一个服装商场里租了个6平方米的小门面，一个月1000元租金。自己去杭州打货，生意还算不错，第一个月就把半年的房租挣回来了。第二个月比第一个月挣得还多。半年之后，王某把这个盈利的小店转让给朋友，又赚了一笔。

店面转给朋友之后，王某还在这个店面租一面墙，继续卖衣服，只是不出远门打货，都是在当地的批发市场拿货。王某的生意很轻

第 4 章
无店铺经营在现在和未来会表现得淋漓尽致

松,经常去别人的店玩,现在这些店都成了王某无店铺销售的合作伙伴。

后来,王某连一面墙都不租了。2008年11年,王某做起无店铺销售的生意。她是通过偶然的机会找到淘宝网的,看到上面有款大衣卖得很好,而且销售价比当地批发市场上要便宜,就试着从淘宝上买回来放到朋友的店铺里卖。

因为在市场上交了很多做服装和鞋的朋友,王某就和朋友商量自己进点货放在他们店里卖,利润对分。他们同意了以后,王某就开始线上线下进货,最多的时候货放到7个店铺销售。平时,王某就去朋友店里帮忙卖东西,当流动营业员。

王某的经营路线是从大店铺的亏钱,到小店铺的赚钱,再到无店铺的赚钱。无店铺经营让王某觉得很惬意,因为没有租金的压力。

更惬意的是,王某把采购当作是旅游,尽可能地把货源地定在不同的地方。

6

专注于工厂找货+QQ群拼货，做一个纯粹的无店铺经营者

2011年某网站的创业明星李先生，之前在韶关也有批发、零售店铺。但他来广州的头几个月是没有店铺的。2011年5月，他放弃家乡的实体店铺，拿着一台电脑和一部相机，仅带数千元，来到广州创业，成功摸索出一种适合自己的商业模式。

严格来讲，李先生也是有店铺的。他在某网站上有B2B店。在网络操作上解决了信任的问题，有没有店铺并不显得那么重要。店铺成为一种形式，我则称之为样子店铺。

所谓样子店铺，其作用主要体现在：
- 之前的生意是无店铺经营，之后的经营也可以不需要店铺，开店只不过是做个样子。
- 开店只是为了方便部分客户选货、下单。
- 开店仅仅是为了满足部分客户使用类似支付宝的账户支付货款的需求。

有些独立的B2B、B2C网站，以及通过QQ、博客等方式推销货品的，他们本身不具备第三方支付担保的功能，所以，他们会选择在淘宝上开一个样子店铺，通过淘宝店来实现下单和支付担保交易。

换句话说，李先生是可以通过论坛发帖、晒货的方式销售货品的，他已

第 4 章
无店铺经营在现在和未来会表现得淋漓尽致

经具备一定的人气,店主也接受和认同他的销售模式。有一个正规的网上批发店铺,只不过是方便客户选货、下单和支付担保交易而已。

张小姐开淘宝店的本意是为了方便顾客下单付款,实际操作中发现,原本的无店铺经营促进了淘宝店的销售,淘宝店的销量提升,反过来也促进了无店铺经营的发展。

张小姐在论坛上发团购帖,注明团购的事项及团购时间等等,上面有淘宝店的链接。这样,团购帖的浏览量大了,淘宝店的流量也跟着上去了。

张小姐说,论坛上主要是看价格优势,产品质量不差就行。她的产品一般会比淘宝价加上运费再便宜几块钱。论坛做团购为淘宝店引来流量,流量来了排名就上去。加上别人看到一两天内有好几十人拍,就会觉得好。

张小姐以前是先收到钱再去拿货的,所以淘宝店上全是好评。实际上团购的那些人货都还没有收到。

她们搞团购的,论坛负责管理。在论坛做要先注册会员,到一定级别才可以开团。主要看是哪个网站,有些网站是收费的,有些除收费外,还要实名注册。这样,消费者不担心产品问题,更不担心他们会跑路。有些不收钱也不用实名注册的网站,会要求淘宝店做担保,就是让消费者收货、验货后再付款。

张小姐做的是实名注册并收费的那些网站,因为这样可以先收消费者的钱再去拿货。每次开团也就是五块钱的团费,每年另外再交几十块钱的管理费。但是,慢慢地就有人以次充好,坏了一些规则。还有一些人有不一样的进货渠道,能拿到好货而且价格十分便宜。张小姐的货是从常规渠道来的,价格上没有优势,慢慢地就没什么生意。

论坛团购,前几年较为流行,最近两年很少人玩了。这与论坛的鼎盛时期已过、新的玩法不断涌现有关。这有点像服装网批,前几年通过论坛发贴与炒作,可以造一些"明星"出来,随着网批的发展,现在店主对论坛发贴与炒作不再像当初那么迷信,而是更注重货品本身。网批首先要做的是货品优势和服务，再加上适当的炒作与推广。

话题回到李先生。2011 年 12 月，我去广州石井拜访他。那时他刚拿下两个位置不错的店铺。两个店铺连通在一起约有 50 平方米，租金和转让费等花费了十几万元。当初他的想法是实体店铺也能拉些客人，拥有实体店铺对网上客户来说是一种实力的体现。

李先生拿同一市场其他库存商的版挂在自己店铺，一是在实体店铺销售，二是拍照后上传到网店销售。这种方式不压货，客户下单了自己再到上家那里提货。李先生挂版的货品，上家客户如果要清仓就会通知他。这时，李先生认为这个款式能卖，才会适当地吃下一些货压着。

上家给李先生一定的价格空间。比如说，上家的某款货品批发 150 元/件，给李先生的价格是 140 元/件，李先生既可以 150 元/件同价销售，也可以低于 150 元/件的价格销售。所以说，李先生虽然没有现货，但他卖的价格甚至还会低于市场价格。而且，李先生是线上线下一起销售。如果你是店主，是选择市场的实体档口做供应商还是选择线上线下都有店铺的李先生做供应商呢？

但没过几个月，李先生还是放弃了这两个实体店铺，选择到另外的地方租用仓库。实践证明，网络上的人气让他不需要拥有实体店铺也可以有很好的发展。

因为之前在家乡开店，经常来石井进货，李先生跟这边的不少库存商混熟了。李先生来广州创业，先是以代购的角色出现。他将库存商的产品拍照后放到网上晒出来，标出库存商的档口位置、货品价格，然后告诉大家自己每件拿几块钱的代购费用。交易处于一种非常透明的状态。再加上 B2B 网站的推广，大家对李先生的信任很快建立起来。

李先生在网站发帖、更新，积极组织、参加各种线上线下的活动，不断积聚人气，扩大交易量。再加上他本人出色的外联能力，不断地开拓更多的合作批发商。他也由单纯的代购转型到"代购+拼货"。

他联系工厂、品牌商、库存商,找到数千件、上万件的库存产品,与他们谈定合作之后,通过网络的推广,组织数十名、上百名,甚至数百名的店主进行拼货。拼货的方式,有时是网络拼货,当遇到起批量很高的拼货时,参加拼货的店主从全国各地直接到广州来进行现场拼货。

李先生的拼货业绩:

2011年7月5日,单日成功拼货2000件。

2011年8月6日,单日成功拼货3000件。

2011年9月5日,单日成功拼货18000件。

2011年9月5日的拼货,原定的起批量只是900件。参与拼货的网友拼货当天基本上全都到了现场。大家一起分货、点货、装车,宛如一家人。这是拼货模式的魅力之所在,不仅能拼出实惠,还能拼出感情,把原本分布在各地的服装人联系到一起。

2011年冬季,李先生的主要操作方式:

• 组织、参与某B2B网站的拼货活动,每周一次,每次销售额约10万元;

• 日常代购,每周6万元左右。

如果说李先生的大规模拼货是一个首创,那接下来涌现的拼货明星里面,有人把拼货这种无店铺经营模式发挥到了极致。

这位"明星"叫小燕子,来自东莞。她有自己的实体店,还有一些亲戚朋友在东莞、杭州的工厂里上班。她自己经常会从这些亲戚朋友的工厂里拿一些尾货放到店里销售。

偶然的机会,她发现某个网站的论坛里面有一种叫晒货的玩法。很多批发商将自己认为好的货实拍了之后发帖去晒,很多零售店主就看帖子进行采购。于是她也慢慢地学会了晒货,还陆续建立了专属于自己的QQ群。

最初，她把自己拿回来的高性价比的尾货分一些给网友。到后来，她和QQ群里面的几百个零售店主都交上了朋友，然后大家一起讨论，需要什么样尾货、什么样的工厂货。讨论好了之后，小燕子就发动自己的亲戚朋友找这样的货。找到货之后，再在论坛帖子里进行拼货：

2011年11月1日，成功拼成1万件保暖内衣。

2011年11月17日，成功拼成1万套原单出口德国TCM女式摇粒绒套装。

2012年2月25日，成功拼成3万条中高档围巾。

2012年2月29日，开始拼14万件杭州知名品牌的尾货，拼到10万件（最后4万件被其他人以高出拼货价5毛的价格买断）。

2012年3月，成功拼成6万件杭州知名品牌的尾货。

这只"小燕子"把工厂拼货的模式几乎玩到了极致。为此她还把自己网络批发店铺名字也改成了"小燕工厂拼货团"。不过小燕子厉害的地方并不在店铺里面，而是在自己的QQ群里。很多人都用QQ群闲聊，而小燕子却利用QQ群做她和她的"客户"的关系。在QQ群里面，她和她的"客户"就是一家人。她外出看厂验货的时候，她群里的"客户"就帮她接单，帮她接待新加进来的新客户。她和她的群友都相信，他们的利益是一体的，她就是所有群友的"买手"。

从各个渠道圈来了数百个熟客之后，从2013年开始，小燕子专注于工厂找货+QQ群拼货，做一个纯粹的无店铺经营者。

第 4 章
无店铺经营在现在和未来会表现得淋漓尽致

7 无店铺经营月销售数十万元，客户从哪儿来？

唐振浩 2009 年大学毕业之后开始从事与服装相关的工作。2011 年因为工作关系，他交了一个在十三行做小妹的女朋友。她叫阿敏，和唐振浩是同乡，十六岁就在十三行做小妹。在 2013 年辞职之前，阿敏就开始在微信朋友圈上传款式，接单后提货发货。

做十三行货品的网批非常有挑战性，因为有数以千计的小妹和买手都在通过微信朋友圈卖货。阿敏的优势在于在几年的工作中结识了众多同行，她可以获得大量档口实拍图片，做到一件拿货。同时，她也积累了数百个客户资源。因此，阿敏在兼职做微信卖货的时候就能月赚数万元。

之后，阿敏辞职，专职做微信朋友圈卖货，但仍然是处于玩票的状态。一直到 2014 年 9 月，阿敏决定把卖货当作一份事业去做。这时，唐振浩在经营一个加工厂的同时，他开始协助阿敏。

销售额令人惊喜，2014 年 11 月 40 多万元，12 月 70 万元左右，2015 年 1 月近 50 万元。仅仅是一台手机能取得这样的业绩，客户从哪儿来？

阿敏在十三行的从业经历是她成功的基础。唐振浩的协助为阿敏的成长增添了巨大的动力。

服装创业商学院广州地区网批商会成立于 2013 年 6 月。商会经常组织学习、分享、交流的会议，其中网络营销推广是重要的内容。唐振浩因此接触到这方面的大量信息。他注册、认证了 8 个微信公众账号。其中一个正在使用的账号在公众号搜索"服装批发"时排在前几名（不同的手机有不同的排名）。很多人发愁没有流量，但唐振浩向我们展示了他的个人号，因为生意太忙，人手不够，数以百计从公众号导过来的好友申请他都没有通过。

公众号要有好的排名，首先是认证服务号；其次是互动程度高，引导粉丝回复数字或其他关键字；第三是粉丝的数量，哪怕是不精准的粉丝，公众号初期多加一些互推的群；第四是名字的匹配度，如"某某服装批发"。

每天花时间维护公众号和个人号，每天都有几十人加进来。这个数量的精准人群进来，肯定有转化的。一般客人都有一个特点，加了之后会观察十天半个月，然后开始少量拿货尝试。其实每天不需要太多的人加进来，一天几百个未能回复的信息，会导致客户的流失。这就是微信的局限性，一台手机一个月能卖货 100 万元估计是极限了。

唐振浩经常实拍与工厂相关的图片、视频，尝试各种拍，如：采购面料，打版，新款生产流流程，等等。然后发到公众号和朋友圈，提高流量的转化率。当然，绝大部分货品还是十三行批发档口的，自己生产的货品毕竟是很少的部分。有一次，唐振浩看到隔壁的工厂正在做一款打底裤，他征得人家同意后，拍了视频上传到朋友圈卖。单是这款打底裤，他就卖了一万多条。

一张图片，一句话，一段话，一篇文章，一个视频，其实都是内容营销的一部分。

此外，唐振浩早在 2012 年 9 月，就在天涯论坛发了一个买手内容的帖子。到目前为止，通过这篇软文加他 QQ 的坛友有 5000 人以上。

第 5 章

充满着无限想象力的立体式经营

1 常见的立体式经营模式

立体式经营是指以单个实体店铺（或工作室）为中心，多渠道、多模式销售服装以及服装之外的货品的经营模式，具体表现为实体空间利用率的提高和拓展，线上销售的拓展，商业（经营）模式的拓展，以及货品的拓展。

以团体服定制加工为例：没有店铺，也没有公司、工厂，揽团体服加工是无店铺经营。如果有一个服装店铺，再揽团体服加工，就是立体式经营了。

实体店铺在网上做销售，店铺批零兼营，店铺跨界多品类经营，均可以称为立体式经营。

总之，因为现在的实体店铺转让费高、租金高，所以倡导店主在个人能力范围之内尽可能地考虑立体式经营，以确保店铺的生存与盈利。

常见的立体式经营模式：

（1）实体店铺+网店。经营批发或零售实体店的同时，开网店做批发或零售，网店包括在淘宝平台或其他电子商务平台开的，也包括自己的独立网站。

有的店主利用网店低价处理压货，为了不让网上的价格影响到实体店的生意，他们开网店有点"地下"性质，不让实体店的熟客知道。

有的店主本来以实体店为主，网店为辅，结果是无心插柳柳成荫，做着做着，网店的生意反而比实体店好得多。

"实体批发+网上零售"是常见的模式,而"实体零售+网上批发"的模式则不常见。但实体零售+网上批发的模式还是有人做的。因为实体店铺有优势货源渠道,只是限于店铺所在城市或所在街区不具备批发的条件,要做批发只有通过网上开店来进行。

成都的李小姐有五个童装零售店铺,之前在成都进货,没有货源优势,后面来到广州进货,发现货品丰富程度以及价格这两方面都比成都有很大的优势,于是,她就做起了批发,首批客户是之前就已经认识的在成都及周边地区的零售店主。这是典型的立足零售发展批发的立体式经营。当李小姐刚开网店准备发力线上时,正巧怀孕了。要不,她很快就能成为实体零售+网店批发的典型。

(2)实体店铺+网上营销。店主在网上没有开店,只是利用网络,通过论坛、博客、微博、QQ、微信等推销实体店的货品。店铺的人流量有限,流水上不去的时候,采用该种模式不失为一个好办法。

2012年夏天的雨水天气,使大多数实体店的销量不同程度受到影响。在昆山开店的老顾,上新款的那两天正好是下雨天,但他的营业额丝毫没有受到影响。他把新款图片往QQ空间一放,附近的老客人都来了。

对网上客户来说,实体店是实力的体现,并能增加信任度。而通过网络营销和推广,不但可以在网上直接售卖货品,还可以吸引更多同城的客户到实体店来。山东李大姐开外贸实体店,通过软文的手段,将货品的图片发到当地几个主要论坛,连续这么操作,吸引了好几百名网友到实体店,最后成为熟客。

大部分论坛不允许发广告帖,但可以换一个角度来发帖。比如说写分享帖,分享购物经验、创业心得、服装搭配等。这样的软文发帖效果是广告帖无法比拟的。不过,论坛营销是一把双刃剑,使用论坛时要维护好帖子,防止竞争对手或个别人的恶意攻击。

山东的李大姐之前利用论坛做营销的时候,有一次碰到一个顾客在回贴中说李大姐的货品有品质问题,服务态度也不好。后来,李大姐进行危机公关,才挽回了不利影响。

前几天，本地论坛的管理员还在与李大姐讨论这些问题，问她为何最近在论坛上宣传少了。李大姐说担心有反作用。没过几天，论坛上真的出现了李大姐担心的问题。有个女顾客发帖号召大家抵制李大姐的店，帖子中说："来某某店问营业员有没有宽松的牛仔裤，营业员回一句没有之后，就忙其他事去了……"

论坛是开放的，有不同的声音才是好事，即使自己做得再好，也有可能遇到恶意的攻击，这时候需要理性地进行危机公关或冷处理。

除了论坛和QQ之外，实体店铺还可以通过微博等与客户互动。建立店铺微博，和客户互加粉丝，通过微博发布新款，对服装的不同搭配进行点评，等等。通过微博可以建立起一个客户组成的社交圈子，经常组织一些线下的聚会，分享、交流和举办各类活动。

（3）批发＋地摊，或零售＋地摊。不只是二级、三级批发市场有档口摆摊，一级批发市场的档口也有这么做的。广州海珠区康乐村牌坊那一条街的夜市，大部分摊位是十三行批发市场的档口来清货的。据说沙河市场有档口与在珠三角一带做地摊连锁的人合作，走的量比其他客户的总和还要多。

批发商清货有多种途径：本店内、网店、地摊、下一级客户、库存商等。零售店清货的途径就会少一些。除网店和本店内清货外，就差不多只剩下地摊了。虽然说网店人人都可以开，但不是开了都能做好。本店内清货会影响到自身的价格体系，影响熟客的购买。而地摊清货相对来说较为容易地避开了对店铺本身的影响。

地摊不一定非得清货。如果做价位中低端的产品，以及性价比高的外贸库存产品，零售店摆摊不但可以做到淡季清尾货，还可以做到旺季得业绩。

（4）店铺＋接单。不只是做批发的可以接单。前面说了，既然不开店铺也可以承接服装加工业务，那么开店铺也就更有优势了。店铺承接运动服、班服定制的做法较为常见。那么我们是不是可以将业务拓展到校服、工作服、职业装等更多团体服的种类，甚至是时装定制呢？当然可以，前提是必须对服装的产业链有一个大概的了解，或者是与专业的定制公司合作。

像服装加工聚集地、批发市场聚集地所在的城市，有很多上班族和店主利用货源地优势，担当买手、代购的角色。

上班一族利用节假日时间逛市场，帮开店的家人、亲戚、朋友等采购货品。有的家人、亲戚、朋友就是冲着这点优势才开店的。

有的上班一族熟悉门路之后，自己也在上班的城市开实体店或网店。实体店只能请人看店；而网店既有兼职搞的，也有请人搞的。网店做大后必须得请人。工作环境及待遇不错的上班一族，大都不愿放弃本职工作，所以就请人来运营淘宝网店，自己则利用节假日的时间进货。同时，利用自己的货源优势和进货便利，在家里开一个或多个实体店，由家人负责经营。

这些现象与以单个店铺为中心的立体式经营有所区别。我通常将这样的上班族和店主称为"奥特曼"。他们真是无所不能！

某市的李小姐在某世界500强企业上班，负责某货品品类的全球跟单。她年初开始着手开淘宝店。但她并没有辞职，而是利用节假日的时间到处买版，找工厂款多量少地生产。同时租写字楼，组建了4个人的淘宝团队，全程跟进货品的拍摄、美工和文案，以及店铺的装修、运营推广等业务。

李小姐说自己上班有一份不错的收入，而淘宝店如果把运营基本费用控制在每月1.5万元以内就能够接受得了。这是淘宝店求生存谋发展的基础，只是自己辛苦一点。

李小姐一心要打造自己的服装品牌，所以一开始就坚持自己做货为主。为了预防淘宝店铺出现滞销款而造成压货，她做好多手准备，比如说将版挂到批发市场批发，货品发到多个实体零售店铺销售等。

李小姐就是一个"奥特曼"。不过"奥特曼"也有累的时候。

由于大部分货品是自己找版、起货、跟单，而新店的销售跟不上，压了不少货。压货不但压了资金，还牵扯大量的精力去寻找其他渠道分销。

批发市场要求能及时返单，实体零售店铺拿货及补货都不能做到齐色齐码，这些棘手的问题是李小姐目前的供应链所不能解决的。

后来，李小姐不得不调整策略，开店初期以市场采购贴牌为主，自己下单生产为辅。

"奥特曼"也需要减压。不管是"奥特曼"模式，还是立体式经营，量力而为，适合自己的才是最好的。但凡长期超负荷运转的"奥特曼"，以及立体式经营，更容易出现亏损，甚至需要关闭部分业务。

第5章
充满着无限想象力的立体式经营

② 实体空间的拓展，有时候边档赚的钱更多

有一次我到深圳华强北地铁站地下商场拜访一个店主朋友。她的店铺很小，呈长方形，四面都是玻璃墙，其中一面长边的墙与另一个店铺连在一起，其他三面墙都对着通道。店主对我说，她很想跟房东申请，将通道的长边墙往店内缩进10厘米，然后在外墙上挂些小饰品。

在寸土寸金的地方，多一面墙展示商品，多一些销售的货品品类，不失为减缓租金压力、提升营业额的一个好办法。这一点在批发市场做到了极致。虎门富民时装城内，两米左右的长度、内深30厘米左右的边档，视不同的通道月租金达数千元不等。十三行新中国大厦正门那两条圆形的大柱子，环绕着搭个篷，划分为好几个档口，每个档口的月租也是好几千元。

之前华强北茂业百货后面的嘉华外贸服装市场内部的绝大部分店铺，正面入口宽度有限，所以没有墙，是敞开式的。而外围面对马路的店铺，正面的墙比较宽，绝大部分都保留着，门口只有一米多的宽度。这样，他们可以在正面那堵墙的里外都陈列货品，货品的展示量增加不少。大多数店是卖服装的，但对外的那面墙不陈列服装，而是陈列鞋子、包包、饰品等。

店铺的前面还有近三米宽的距离才到马路。店主谭小姐曾在一个周末将门前这块地租给别人摆摊甩货，租金100元/天，留意到别人的营业额竟然有5000多元/天，于是，她决定以后再也不将这块地租给别人。谭小姐去批

发一些特价货品回来,到下一个周末在店铺外边摆摊,两天的营业额有9180元。

青岛的中山路因为城市新区的拓展,人气不断下降。虽然店铺的租金也在大幅度降低,但还是有很多服装店因为生意一落千丈关门了。薛小姐在中山路经营服装店近十年了,她的生意反而是越来越好。原因有三:第一,她的店铺中间一直都有两个展示饰品的柜子,有着不错的销售收入;第二,对面是一家酒店,平时在店铺外面的人行道上摆卖饰品(城管平时都不干涉的),酒店客人的成交率是百分之百;第三,每年七八月份是旅游旺季,这时在外面的花车上增加拖鞋产品。

摆地摊的小新,他的地摊点有收费的夜市一条街,有不收费的菜市场周边,有收费很少的商店前面的走道。

很多商铺像谭小姐的一样,前面有一定宽度的走道属于店铺范围,摆摊不受城管管理。我见过小新在一个烟酒店前面的过道摆摊,租金是50元/天。不过小新只摆晚上。他的摊点给烟酒店带来了很大的人气。对小新和烟酒店来说,这是双赢。

东莞大朗镇的邱小姐,参观过小新摆摊,受到启发,她在自己床上用品店前面的过道支了一个架子,卖从中山沙溪库存一条街采购回来的T恤。不足两米的架子所带来的赢利足以缴纳店铺7000元的租金,在床上用品销售的淡季,赢利超过了主业。

湖北的付先生代理两个国内有名的大众休闲品牌,有15个100~400平方米不等的店铺。品牌的拿货折扣在5.5折以上,店租每年都在上涨,销售任务每年都在提高(最近两年品牌公司不再提高销售任务),而拿货折扣却没有优惠过。付先生的利润空间是越来越小。

付先生准备经营自有品牌贴牌,以便若干年后中止与品牌合作时处于有利的局面。自有品牌贴牌是一个系统工程,市场采购、选

第 5 章
充满着无限想象力的立体式经营

款组货等对一个品牌代理商来说是非常陌生的。付先生在考察批发市场的过程中，受小新和邱小姐的启发，他决定也在自己店铺前面的过道上支个架子特价售卖非代理品牌的货品。

3

"海陆空"试水服装的外贸女老板

谢小姐经营电子数码产品外贸公司很多年,有一个十几人的团队,每年营业额都有数千万元。她从2013年开始试探性地做服装生意,时长一年多,地摊、临租店、楼中店、社区设点、电子商务都做过,很多时候是几种模式同时做,外销、内销一起做,批发、零售兼营,是名副其实的"海陆空"作战。

3月26日,谢小姐第一次摆摊,收入1600元。进价10元、18元、22元的货品卖50元、80元。摆摊的地点在楼下,一间原来卖药的店铺在装修,有150平方米的地方,她跟管理处临时借用,没有给钱。这一天下雨,只做了半天。

谢小姐男装、女装、童装、泳衣都卖,比较杂,打的是工厂的名义。这些货本来是准备摆地摊的,因为临时有地方用,就没有到外面去。但她已经买了4个架子准备同时开摆多个摊位。

出摊的同时,谢小姐通过短信群发和微信告诉别人自己卖服装了,中间陆陆续续有人到家里来选货购买。于是,谢小姐准备开楼中店。

在开楼中店之前,通过摆摊来派发名片。名片的设计也特别用心,正面是一个美女坐在甲壳虫汽车上,这个创意源于移动式地摊。名片背面写着品牌折扣,工厂货源,会员积分……经营货品品类也写上了。此外,还写上了服务投诉电话。店名也写上,就是将来开楼中店准备用的名字,是某某外贸仓。

第 5 章
充满着无限想象力的立体式经营

名片一共印了 5000 份。那段时间，每天加谢小姐微信的人有几十个。

刚开始，谢小姐安排公司十多人摆一个摊，让他们学习。后来，她就安排他们分开来摆，三两个人一个摊。在地铁口摆，一个摊一个样，将女装、童装以及其他品类等分开来。但他们穿的衣装尽可能统一。这款衣服就是存货量大的，要卖的主打产品，高的、矮的、胖的、瘦的都穿上，他们跟顾客说这衣服有多好，什么身材都能穿。

他们还在衣服后面用回形针别上一个牌，牌上写着统一的店名。摆地摊的有了店名，人家就深刻地记住了这个摊。

几个摊一起摆，成行成市。谢小姐在一头放风，另一头也有同学在放风。等有城管来了，就大声通知收摊。平时城管都是开着执法车的，远远就能看见。

谢小姐 2013 年的外贸业务销售目标是 1000 万美金（其公司还有其他业务）。当初定这个目标的时候还没有想到做服装。为了提高员工卖衣服的积极性，服装的线上销售额都计入这个目标中去。而线下的销售，则给予每件 5 元的提成，不论这件衣服的卖价是多少，即使是卖 15 元，也给提成 5 元。而且提成是当天结算的。

公司一直都有很好的团队氛围，员工都对摆摊有很大的兴趣，下班时间没到就唠叨着摆摊。平时 18：00 下班，摆摊的话 17：00 下班。摆摊的时候，有的员工身上挂着好几件衣服，一是让更多衣服得到展示，二是更吸引人的眼球。有一个员工之前摆过摊，有经验，他的声音特别大，喊话内容又特别吸引人，20 米之内的路人大都会过来看看。

因为相当一部分货品是清仓货，难免有一个款几百件的量都压着动不了。这样压货就会增加，而熟客又老问新款到了没有。谢小姐就顺势批发零售一起做了。批发业务通过网络推广、公司外贸网站，以及开发熟人客户来进行。零售的以线下为主。像 12 元人民币进来的衣服，能以 20 美元的价格批发出去，扣除物流等 35 元和手续费 4 元，还有 80 元的毛利，比地摊 25 元售价的利润高多了，只不过量不够大。

附近摆摊的也有两个人过来批发。人家觉得便宜，想多拿一些，但谢小姐说别拿那么多，不必要压货，随卖随拿，这里有的是好货。稍过一段时间，谢小姐还要找几个守在小区门口接零活的大姐摆摊，按批发价给她们货，并收取跟货款差不多的押金，卖不掉的百分之百退货，如果不干了退货还押金。同时建议她们的卖价不低于约定的价格。

4月13日是楼中店开业的日子，谢小姐提前通知了近300个熟客和朋友。开业那天起，凡购物满500元的报销来回路费。深圳的公交虽贵，但市内来回最多也不足50元，仅相当于九折，但客人收到这样的信息心里舒服。所有客人来到，供应瓶装矿泉水、凉茶，即使三百人全到，也就是1000多元的成本。除此之外，还有专门一个房间作为客人的休息交流室，里面配咖啡机、饮料机，饮品全都免费供应。

> 谢小姐还在朋友圈发了这样的内容："今天在楼下，遇到一个朋友，我告诉她现在我做衣服了，她马上想要上去买。我和她说，买衣服是次要的，现在我最缺乏的是意见和经营模式，现在的店在小区，如何让大家知道呢？开业时是全场九折，还是买一送一？还是会员积分呢？还是买够多少直接返现呢？请看到此消息的，给我一个你的观点，我需要你的帮助和支持！"

这条微信在两天内收到朋友几十条评论。朋友们不但知道谢小姐要开业，而且也积极参与问题的讨论。这让大家对楼中店有一种参与感和期待。

她的货品全部换上店名的吊牌，上面有条码，有价格，等等。关于营销，还有一个亮点就是谢小姐在开业前叫上小区管理处主任，和她一起到各住户登门道歉，因为很多小区外客人的光顾，可能给大家造成不便，所以说声对不起。为了表示歉意，凡小区邻居光顾，无论购物多少，一律九折优惠。

开业当天，一共来了10多批客人，共50个左右，营业额有1.5万元；第二天来了五批客人，共20多个，营业额是6550元；第三天因为公司业务忙不过来，没开门，但也做了差不多3000元，其中有900元是订货款。

谢小姐有着很强的行动力。我和她刚聊如何做本地论坛营销，她第二天凌晨就在天涯论坛深圳版发地摊帖并公布了自己的QQ号，招来了一批网友的恶骂，说是广告帖。不过骂归骂，发帖仅一天，就有10多个人联系她要从她那里拿货摆摊。

谢小姐到楼下的拉面馆吃拉面，边吃边跟老板娘聊自己家的衣服又多又漂亮，鼓动老板娘到楼中店去挑衣服。旁边有几个吃拉面的小姑娘听谢小姐一番言谈，也要跟着去。这几个小姑娘不认识谢小姐，但跟面馆的老板娘熟。老板娘也正好做个顺水人情，向小姑娘们介绍谢小姐，说她是做外贸的老板，生意做得很大。接着就是这几个姑娘到楼中店去，买了1000多元的衣服。

谢小姐的包里总少不了自己的名片，几乎每次到饭馆吃饭，都忘不了借机发名片给店里的顾客。

夏天很快就到来了。谢小姐打电话告诉我，她买了一个帐篷，准备在楼下摆摊用。她问我是不是只摆泳衣，我说那不是浪费人力和时间吗，应该T恤、沙滩裤一起卖。谢小姐当即回应说："好。男女老少的东西一起卖。我马上再买一个帐篷。"

谢小姐做了一个水牌，摆在帐篷旁，看上去比易拉宝要上档次。水牌上面写的是"故事"：某某公司有8年外贸经验，货品非常好，值得信赖……

4

以归零的心态做好立体式经营

酷有拿货网 CEO 胡杨分享过一个店主的中高端店铺的经营案例。

这个店主之前在某知名的品牌公司做过多年的运营,辞职后自己开店,做中高端贴牌女装,店铺开成功一个接着再开一个,2012 年的时候已经有好几个了。他说目标是店铺开到 50 个就不再拓展了。

他对自己拓展店铺及管理,有一些标准:

(1)只选择在有发展空间的二、三线城市开店。一线城市的服装品牌市场竞争太残酷,近似于肉博战;四线城市中高端女装的消费人群有限,她们习惯到区域中心城市进行中高端的消费。

(2)中高端的店铺需要相对应的面积,以及相配套的装修。店铺实际面积不低于 60 平方米,装修投入要求在 80 万元左右。

(3)市场采购贴牌,每次进货只进新款,所有服装款式都不会补货。

(4)招聘有经验的店长和导购员,要求必须是已婚的。

(5)在电脑上系统管理。

(6)店铺走上正轨,业绩稳定之后,交给店长独立管理,并给予她相应的股份。

第 5 章
充满着无限想象力的立体式经营

我们通常所说的宽度,就是开发客户,增加客户的人数;深度,就是在产品上下功夫,除了促进连带销售,重复购买之外,还可增加服装、服饰之外的,与客户群体有关的货品或服务。这是立体式经营在货品上拓展的体现。

这个店主的经营模式的亮点还不仅上述这些。很多服装店主在店里也卖鞋包和配饰,以及化妆品。有的店主甚至卖减肥药品,这个店主就是其中一个。他把进货成本不高的减肥药品包装成一个个套餐,分为不同的疗程。每个套餐的价格是6000~8000元不等。他的客户使用之后,没有一个投诉的。如果客户说效果不明显,他建议客户继续服用。

减肥药品的暴利其实是一把双刃剑,这里不展开讨论。问题的重点是未来高层次的商业模式是社群商业,O2O的经营模式是主流,强调的是社群,是互动,是信任。店主利用店铺,通过产品和服务积聚"粉丝",建立起信任关系之后需要不断地维护,需要不断地为粉丝创造价值。粉丝的需求多种多样,拓展产品的宽度是解决他们问题的方法之一。这也是微商正在做的事情。

服装店主的角色定位分三个层次:最低的层次是卖服装的;其次是做服装生意的;最高层次是做生意的。

最低的层次,仅仅是停留在卖服装上,而且是一手交钱,一手交货,还不涉及其他货品。做服装生意的,就是外贸女老板谢小姐一样,是服装都可以卖,还是批零兼营。做生意的,那不仅仅停留于服装产品上,而是放眼于社群商业,O2O。一个服装店主的思维意识和视野高度上升到我是做生意的这个层面上,就可以充分地释放出想象力,具体到落地操作时就大有可为。

与立体式经营关系紧密的一种思维方式是归零思想。

或许你的店铺处在很好的位置,有很多自然人流,生意也有保障,但是你把这一切都归零了,你就会想尽办法找流量,做好产品、服务、营销等等,做好客户维护。因为你归零了，你什么流量都没有，你就会产生危机感，有很强的求生存的驱动力。这样，你的生意会更上一层楼，你的"粉丝"也越来越多。

或许你的店铺处在不很理想的位置，自然流量非常有限，生意说好不好说坏不坏。这时你是怨天尤人，还是守株待兔靠着自然人流慢慢地增长？换个角度思考，人家的楼中店都没有自然人流，他们利用各种渠道推广引流，同时开展立体式经营，生意兴隆。你跟人家比起来至少还有一些自然人流。将你的店铺"归零"吧，向生意好的楼中店学习。

楼中店的生意有好的也有不好的，或许你的楼中店几乎没有自然人流，来的客人都是自己认识的，数量非常有限。可是你有没有想到很多微商，他们只有一部手机。虽然绝大部分微商没有什么生意，但不可否认的是，身边的赚钱的微商还是有那么一些人。再说，无店铺经营者中，业绩斐然的数不胜数。你至少还有一个楼中店，把它归零，放在微商和无店铺经营的位置上，想办法做好你的生意。

目前，微商以微信为主要工具。微信，也是立体式经营中的一种主要工具。心态归零，利用更多的平台、工具为你服务，让你的店铺插上互联网的翅膀飞翔。

第 6 章

批发市场的门道,
会批就发?

1 为什么明知道上家炒货，但还是喜欢到人家那里拿货？

炒货，主要指不是自己起货（下单生产）的服装批发。零售商卖的货是自己下单生产的极少，大都是炒货，但平常所说的炒货很少涉及零售这块。平时说得较多的是广州沙河的货炒到十三行，从十三行炒到白马，再从白马炒到全国各地；海宁的货炒到深圳，又从深圳炒到东北；深圳的货炒到香港，又从香港炒到广州……

也有将尾货炒成新款的。比如说，2014年7月，十三行的批发商处理某款夏裙300件，原价48元/件，以8元/件的价格处理给昌岗尾货市场的商户。到了2015年3月，十三行的另一个批发商到昌岗路炒货，以18元/件的价格采购该款夏裙300件，在十三行批发30元/件。

炒货是服装市场普遍存在的现象，是服装产业链的特殊性的产物。

广州沙河这种低端服装的市场，也有不少炒货商户，他们的货品来自广州周边的服装加工聚集地，诸如裤子生产基地广西玉林，睡衣生产基地广东普宁等。

服装市场的炒货无奇不有。不仅仅是十三行炒沙河等低端市场的货，沙河市场也有人炒十三行的货来卖。所谓的早市，给很多人的印象是货便宜，但像沙河的早市，也有人从沙河里面的市场，甚至十三行市场炒货来卖。

十三行新中国大厦写字楼炒档口的货，换唛和吊牌以及包装袋之后，一件转手赚十几元、几十元的毛利早已不是新鲜事。

炒货是一种正常和非正常交织在一起的市场行为。到批发市场进货回去之后再批发,利润空间不大,对价格较为敏感,拿到炒货,风险相对大一些,对他们来说,识别炒货,拿到一手货源是最好不过的事情。

零售商利润空间大,如果货好大都能卖个好价钱,所以对他们来说,重要的不是上家炒货赚取了多少差价,而是自己以合适的价钱拿到合适的货品,再以合适的价格卖出去。

很多店主明知道上家炒货,但还是喜欢到人家那里拿货。主要原因无非如此:

- 上家的货好,店主卖他的货卖得很好。
- 店主在市场上无法找到他的上家,也只好在他家拿货。
- 店主即使能在其他市场找到更便宜的同款衣服,但东一家西一家的,且款式没上家全,还不如直接找这个上家拿货更省事。何况,跑不同的市场,要耗费时间和增加开支。

新中国大厦3楼有一个档口,邻近的档口老板都知道他家是炒沙河市场的货。大家还打听到这档口是一对老夫妇经营的,但是他俩从来都不到档口,档口全交给小妹打理。所以,大家都没有见过他们。老夫妇这么做的目的,就是不让同一个市场的同行在沙河市场认出自己,从而发现自己炒货的上家。那些在老夫妇家上货的店主,有的也知道他们是炒货的,但依然趋之若鹜。有些货,如果不抢,就很快没有。两三年来,这对老夫妇的生意在这一层楼算是比较好的。

2 常在市场走，哪能不懂得炒货手法

常见的炒货操作手法有如下几种：

（1）现金炒现货。在同一个批发市场或别的批发市场，现金购买货品回来进行批发。至于是否可以退换货，自己跟上家协商。近几年服装批发市场总的市场行情不好，铺货的批发商大有人在，谈退货合作的可能性会有一些。

但是，就算是总的行情不好，市场上从不缺乏生意非常好的批发商户：

- 他们不愁产品没有销路，有的产品一出来，就引起众多下家抢货。
- 他们有的是实行订货制，而且是市场控货，并不是想卖他的产品就能卖。

碰到这些商家，谈退换货的可能性几乎没有。

现金炒现货，因为有压货的风险，所以眼光要好，把握要准。而且很多时候，货好卖时未必能补到货。在批发旺季的时候，好卖的货不能补货，对大多数批发商来说是一种损失。未能补货或未能及时补货，有几种可能：

- 上家主推新款。

- 上家生意太好，工厂供货跟不上。
- 上家实力不足，不敢压货过多，供货能力差。

广州站西、白马、十三行商圈，租档口的方式大都是两押一租，相对于一次性缴纳全年租金的做法，资金的压力少了很多，较适合创业者低资金进入服装批发领域。而且，这些投入比起开实体零售店铺也是差不多的。但批发档口能做到的营业额及利润，有可能是同等投入的零售店铺的数倍甚至数十倍之多。批发档口面对的是全国、甚至全世界的市场。与"零售零售，起做越瘦"这句话相关的另一句话是"批发批发，会做就发"。

有的是四个人合租一个档口，2万元的租金，两押一租，每个人均担1.5万元。他们每个人在档口只有挂一排衣服的位置。一些在档口打过工的小弟或小妹，熟悉市场的情况之后，与人这么合租档口，然后再拿出几千元炒货，即可运作起来。

也就是说，他们这样炒货做服装批发，总共投入不足2万元。

虽然说合租档口的生意普遍做得不大，但对于缺乏资金的创业者来说，最适合他们的是低成本入行、能积累原始资金的生意。

需要特别说明的是，虽然很多批发市场的档口租金经过几年十几年的上涨之后，陆续从去年、今年开始降租，但十三行新中国大厦的租金仍在上涨之中，大多数档口的租金从前几年的2~6万元/月，涨到现在的6~15万元/月。此外，从2014年开始，新中国大厦里面有的市场规定不能合租。现在到新中国大厦创业的资金门槛已是前几年的数倍。

（2）铺货炒货。就是上家把货先铺给下家卖，通常有包货尾和不包货尾两种方式。如果下家不包货尾，最后卖不完的全退回给上家，这实质上是代销。

货款结算，主要有三种方式：

- 卖了再给钱，卖多少结多少。

•某个期限内给钱。或结清全部货款，或该期限内卖多少结多少。

•限额结算。上家铺给下家一定额度的货品，比如说2000元、3000元或1万元，当超过额度，后续供货部分全部现金支付。或者，第一批货是铺货，之后每补一次货，结清上一批货的货款。货品往来、货款结算的方式多种多样，具体操作细节双方商谈。

代销常会碰到这样的情况：当下家同时经营有现金采购和代销的货品，他觉得现金采购的货品有库存的压力，会积极主动地销售。而代销产品卖不出去可以退货，卖不出去也没有库存的压力，会不主动推销。所以，上家对代销商家要及时跟进销售情况，对合作不好的商家及时取回货品，取消合作。铺货也是这样，如果下家销售不力，及时处理货品，结清货款，取消合作。

当然，也有下家觉得代销货品无资金压力，现金采购货品有资金压力，从而对代销货品积极主动销售，减少现金采购货品的比例。

（3）挂版炒货。相对于炒现货，挂版炒货则没有压货的风险。挂上家的版，不拿现货，客户看版下单，交付订金或付清全款之后，再到上家那里提货给客户，自己赚取差价。这种操作最好是自己的档口离上家的档口或仓库没有多远。

如果没有与上家建立固定的合作关系，可以先买版来挂，一个版买几件即可。与上家没有固定的合作关系，无法知道上家的库存与销售情况，经常会出现客户下单，去上家提货时上家没货的情况。

如果有很好的上家渠道关系，连版都不用买，直接拿版过来挂，客户下单后再去提货，把货交付给客户，收取客户的货款之后，再与上家结算。

有的客户看版下单后，在档口等着备货，收货后再付货款。那么，自己可以先垫付现金到上家那里提货。

有的上家甚至可以与你月结，而你与你的下家则是现金交易。不过，这需要一定的关系和人脉。其实，这样的关系和人脉的建立也不是十分困难的事，因为有一些档口（工作室、写字楼）很乐意多一个人、多一个窗口帮他分销货品。所以，作为创业者，积极、主动地建立、拓展圈内人脉关系，十分有利于自己的成长。

挂版炒货比较适合就近操作，比如说同一商场不同的档口间，同一商圈不同的市场间。同一城市不同的商圈间，不同的城市间挂版炒货，因不能当即提供现货给这客户，称作挂版接单更为精准一些。在一批市场和二批市场都有可能碰到档口老板这样说："工厂那边正在赶货，等货做好了再从工厂发货过来，或者是直接发货给你。"这么说的档口相当一部分是挂版炒货的。

挂版炒货，下家与上家的价格处理方式主要有三种：

- 大家卖一样的价钱，上家再让利下家。平时在市场里看到不同的档口一样的货品一样的价格，或许就是这种情况。
- 上家给予下家优惠的价格，下家自己掌握销售价格。平时在市场里看到不同的档口一样的货品不一样的价格，或许就是这种情况。有的下家的卖价甚至比上家还低，所以说，在服装市场里一切皆有可能，一样的货品，价高者不是炒货，价低者才是。
- 上家给下家没有价格优惠。下家自己能卖高多少算多少。

（4）互相挂版炒货。

像做针织休闲类服装或男裤等走量的产品，通常单款备货量大，限于资金和风险方面的考虑，大多数批发商会选择少做一些版，对备货进行总量控制。其他货品品类的一级批发商，大多数亦不会一下子推出很多有现货的新版。

有些档口为解决款式不多的问题，与一个或多个档口采用互相挂版的合作方式。比如说我有10个版，你有10个版，你放若干个版到我档口来挂，我也放若干个版到你档口去挂，那么，我们各自的档口都有十几个版了。

多跟几个档口合作，那么版的数量更多。这要求彼此合作的档口，大家的客户定位都差不多，而且相邻不太远，方便现货操作。

互相挂版也适合于接单。人们总免不了担心合作档口挂版，接到单后自己找厂生产，或自己照版生产现货销售。其实包括挂版炒现货，也都有这个可能。这个就得看自己如何选择合作档口，如何跟对方约定，如何跟进后续事宜。

3

同样都是在档口挂版，却暗藏着不同的玄机

有一个工厂，在某批发商厦的四楼开了一个档口，只挂版接单，不卖现货。该商厦下面几层楼卖的货品档次稍微低一些。这个工厂另外安排人员拿他们的版到楼下分别找多家档口挂版，让这些档口说这是抄楼上的版，货品价格比楼上的要低得多。结果是，楼下档口挂版接单，货品全由这个工厂出。

有一些资金雄厚的人，敢囤上很多现货，但他们大多数人会亏得很惨。毕竟，好卖的版占少数，不好卖的版占多数。碰上版不好卖，即使采取降价或者铺货的方式分销，也有可能还是动不了。

做出来的现货，无人问津，最后还能以与成本价相差不大的价格处理掉，这样的款称之为滞销款；如果最后以远低于成本的价格才能处理的款，则称为死款。有的死款甚至"跳楼价"都卖不掉。做现货卖或者是炒现货卖，最怕碰到死款。

档口生意大多数以销售现货为主，说大家都不做现货光接单，这不符合现行市场操作模式。现货销售要想风险低，考验的是自己的看款眼光，此外要求货量控制好，分销渠道得力，处理滞销款、死款速度快。

货量控制是供应链的问题。在现行的传统批发模式中，理想的供应链是前期试版避免过量压货，客户后续补货，自己又能够及时生产出来，避免有市无货。

成熟的档口，根据自己的风险可控性和供应链情况，来掌握压货的数量。但总免不了一些档口贸然行事，敢先生产大量现货赌博市场。表现在：

- 赌一个款式或一个系列卖爆，先大量生产。
- 赌冬天冷冬，大量生产冬装。

有的人敢赌数百万元、上千万元的现货。这样做暴发的机会不多，巨亏的机会则很大。基于先大量生产再销售的模式的惨痛教训数不胜数，以及市场竞争激烈程度的加剧，更多的人在生产现货时非常谨慎，他们更善于采用挂版的方式来做市场。

挂版的不同操作，可以达成不同的商业目的。

（1）挂版接单。挂的方式各有不同：

- 只挂新版，新版接单。
- 只挂旧版。达到告诉客户自己是做这类型货品的目的即可。可以避免不熟悉的客户偷版仿版，了解客户的基本情况后，觉得有合作的可能，再提供新版给客户选择。只挂旧版的方式，也有做现货销售的档口采用，主要也是为了防止偷版仿版，待了解客户的基本情况后，觉得有合作的可能，再向客户推销现货。
- 新版、旧版一起挂。
- 跟别人合作挂别人的版，或直接买其他实体批发档口的版来挂。
- 挂网络版、杂志款。从淘宝网、天猫、其他B2C网站上购买。品牌官方网站的版，时尚网站的版，以及时尚杂志上的版，大都可以在淘宝网上搜索出相类似的货品，然后再拍下来。

（2）挂版试版。大部分档口的客户都是小客户，不会下大单，做出一系列版之后，既不想全部都生产现货出来，又不想盲目地生产某一个版，该怎么办？挑几个版出来挂在档口，哪个版客户问得多，就生产哪个版。

小本创业，即便是经过了挂版试版，也要避免一下子生产太多的现货出来。有些版头几十件或一百多件很好卖，返单后却成了死款。这样的案例屡见不鲜。造成这种情况的原因，有可能是版适销范围不大，有可能是市场上很快就出现仿版。

做二级批发，面对的不同上家有着不同的拿货量要求。初次合作，应该按最低拿货量的要求进行操作，多次少量上货。可适当增加一些版挂版，不压现货，客户问得多的那个版再适当进些货回来。

前几年，时装类一个爆版卖几千件并不少见。近两年，款多量少成为越来越多一级批发商的主流。大部分的档口，一个季度能出一两个卖上两三千件的版实属不易。二级批发商迫于市场竞争压力，大多数会选择多次少量拿货。部分广东省外的二级批发商，常驻广州，差不多每天都进货，进货量也就是自家档口一天的销售量。卖得再好的款，除非是他的下家能一下子消化一两百件，否则也是蚂蚁搬家式进货，卖多少补多少。

（3）挂版促销。这与收版促销相配合进行：

第一，同时把好卖的和不好卖的版挂出来，尤其是相似的版，那么客户就有很多选择对比的机会，不好卖的版就难有机会销售出去。因为好版不愁卖，有的人把好卖的版收起来，遇到合适的客户再推介。而把不好卖的版挂出来，尽力地推销出去。这样做，好卖的版能赚到钱，不好卖的版能迅速处理，避免压货，加快周转。

第二，轮流、有选择性地把不好卖的版收起来，忽悠客户这是"不能挂版的爆版""只向重点客户推介的版"，从而达到促销滞销版的目的。

4

立足"二批"市场，零成本进货与零压货销售

郑先生在临沂做"二批"，他让他的一些客户做到了"零成本进货与零压货销售"。

有很多零售店会直接跨过"二批"到北京、杭州、广州、深圳去拿货。他们在"二批"拿货有时候一天拿几十件，因而认为如果到了"一批"市场会拿到更便宜的价格。大部分"二批"为了应对这种现象，以及线上渠道的影响，对零售店主实行百分之百换货的政策。可是有很多店主反映在"二批"拿货，虽然可以换货，但同质化严重，卖不上价格。当然，也有店主表示跟着控货的"二批"旺家，还是比较有前途的。

郑先生认为直接去"一批"市场拿货有利有弊，并不适合所有的零售店主。作为一个零售店主，拿货量没有"二批"那么大，价格甚至有可能比"二批"还要贵；此外，调换货和补货也不方便。

郑先生说：

首先，开零售店可以考虑依托"二批"市场的资源优势。很多"二批"市场所在的城市，周边都有人气旺的零售卖场，店主应优先选择在这样的地方开店。开店进第一批货，因为跟"二批"不认识，还没有建立信任，这时

第6章
批发市场的门道，会批就发？

是现金现货。第一批货不要拿太多，只要能开业就可以，这样货款投入部分没有什么压力。因为离"二批"市场近，把货卖了，三五件十几件的，跟"二批"说补货下单，"二批"开个单写上补货未付款，派人把货送上门来。送过来时顺便看看店铺，一是地方旺，二是离得近，"二批"就不会有什么担心。这样就完成了零成本拿货。

对于在比较有人气的商场开店的店主，我们不管在哪儿打货回来，只要是新款，他连问都不问他们，直接开好单把货送过去，让他们先卖了再给钱。卖不了都是我的。

在"二批"所在城市下面的县市开零售店也是这样。一定要找成熟的有人气的卖场，或者商业街、商场。好的地方租金也是很贵，但不要心痛十万二十万元的，它既然贵租高必然会带来好生意。你说那些没人气的地方，没有成交量，带不来利润，谁去？

就这样，你可以做到零成本进货，你可以电话下单，可以由"二批"给你配货。货到了你的手里，钱到了你的手里，是不是占有很大的主动权？那些货不好卖的，直接退货换货。要是哪个"二批"不好说话，就直接退货。这样做是不是可以做到零压货？不要以为调换货不容易，这样想你会压着很多货，你用心去做，用心去想，一件货都不压，这是绝对可以实现的。因为这么多年来他下面的客户都这样做。货都压在他这里。

他个人的经验，一定要相信市场的眼光。他刚开始做服装的时候凭自己的眼光去选货，结果回家之后就是卖不动。有时顺带一点觉得不好看的，它就好卖。好卖的衣服才叫好东西，你觉得再好看的，卖不动也就是抹布一块。

想开零售店的朋友在开店之前结识一些开店的人。最好结识几个"二批"，了解到一手信息，有助于给自己定位，如果说你想做甜美的，那么你就着重去"二批"市场打探这个风格的衣服哪个做得最好。哪怕你看不上这个货，只要卖得好，自有它的道理。

为什么同一风格的衣服，有的店铺生意很火爆，有的店铺生意很冷清？因为很多店铺跟风、模仿生意好的店铺。跟着别人屁股走，跟了一年生意没什么起色，结果又变风格了。

零售店主要以市场的眼光为主，个人的眼光为辅。"二批"市场下面的县市跟"二批"市场附近的店铺不一样，要经常进货，少拿货，勤换版，但风格定位一定要明确。如果觉得另一个风格好，然后掺杂进去，这样对生意有影响。不要认为反正在"二批"市场，拿货不用掏现金。

郑先生这些年总结出来批发市场里面常见的四种调换货的方式，有些方式也是他在店里实战操作的。

第一种，只能调同款。这个款拿回去不好卖，拿回来也只能调这个款的其他色和码。有的"二批"说这个款没货了不能调，或者说这个款只有这两件货，你就调吧。甚至有的"二批"把货藏起来连调都不给调。这样的货只能做特价处理了。处理不掉，就是死款了。

第二种，同一系列的可以互调，但是不能跨季节，到了夏天要换春天的货那是不可能的。这就要求零售店主及时调换，只要能调就调，把压货降到最低。

第三种，随便调，不限系列，不限季节。这样做的"二批"，不一定有很强的资金实力，但一定有很强的自信，零售店所有不好卖的货品，他都能通过自己的档口或其他渠道销售出去。哪怕这样处理的货品是不赚钱的，但他解决了客户的实际问题。跟这样的"二批"合作，零售店无任何压货的压力。

第四种，免费铺货，任意退货。要求零售店主有好的销售业绩，这样"二批"可以免费铺货，无条件退货。"二批"来了随便上货，卖不了退货，卖多少结多少钱，没有资金压力。现在很"二批"这样做。像郑先生，这种做法只针对他的优质客户，一般的小客户只给换货不给退货。

第6章
批发市场的门道，会批就发？

5 这些年，他们在批发市场里面这样卖衣服

十三行市场在中国服装批发市场中具有标杆地位，它在十多年的时间里，演绎着数不清的草根创业故事。十三行市场，以及其中的人和事，也是各地批发市场和无数店主的一个缩影。

吴先生以前在十三行打货时认识一个档口的小妹小叶，她很单纯，不怎么说话。后来吴先生才知道她刚来打工。小叶爱学习，也很聪明，在短短的时间内就学会了很多销售技巧。

吴先生认为小叶的成长都是出自老板娘的教导。老板娘的生意也因为小叶的成长而越来越好。一年后，小叶提出辞职。她新的工作就是帮外地的二批打货。这是十三行小妹、小弟典型的发展路径。

刚开始，小叶很不适应，因为打货和卖货完全是两码事。打货考验的是眼光和敏锐的洞察力。小叶知道自己的不足，就直接和新的老板娘（"二批"）说，只要给她这个机会，工资无所谓。于是，她就继续干着打货这份工作。老板娘也带了她一个星期，然后再试着让她打点货。谁知道，她打的货都不好卖。

这时老板娘急了。小叶也急了，就四处想办法。以前的顾客教了她很多东西，让她往人多的地方，大家抢货的地方挤，跟着别人

抢货。就这样，小叶和很多打货的人走得很近了，慢慢地就形成了资源共享，比如说谁家货好都互通信息。

这样一年下来，小叶总体掌握了服装在春夏秋冬的进货节奏。时机成熟了，她就辞去打货的工作，在十三行3楼租了个档口。她向家人、亲戚借了8万元，因为之年两年工作的钱都花在建立人脉上，没有什么存款。

由于资金有限，租了档口之后剩下不到2万元。小叶刚接触生产，面辅料和厂家这块完全不懂，让她在短短的一个月内用尽了所有的资金。此时的她，感觉自己的脚步走得太快了。她也感受到了创业的困难和艰辛。

没有办法，小叶再借3万元来周转。同时，她把档口租一半给别人。这点钱，小叶只能炒货了，看看有没有翻身的机会。十三行很多人都是从沙河炒货来十三行卖。炒货可以少量、多款，一万元也能上好多款，卖完了可以马上补货。这样下来，小叶做了好几个爆款。

小叶明白炒货不是长久之计，她只要有空就去熟悉面辅料和加工厂。很快，她又开始了自己做货，抄写字楼的爆版，通知之前积累的顾客下单。

就这样又一年的时间，小叶赚到了人生的第一桶金50多万元。不满足现状的她，从档口搬到写字楼去做，请了小妹、设计师和跟单。

换了环境总要有一段时间去适应，生产是跟上了，可是设计师出的一系列版都不好卖。小叶换了好几个设计师，发觉都一样，他们设计出来的产品都不好卖。她也意识到在写字楼做如果去沙河炒货那就是自取灭亡，现在也不可抄其他写字楼的版了。小叶放下面子，多次到以前的老板娘那里请教。本来同行是冤家，可是老板娘还是被小叶的诚意打动了。老板娘教小叶去抄日韩、欧美的版型、款式，去高端的服装店看版，买回来稍微做些修改。

第 6 章
批发市场的门道，会批就发？

小叶马上照老板娘的话去做，很快，老顾客又慢慢回来了，新顾客越来越多。

各行各业竞争的加剧促使大家都在寻求一个属于自己的盈利模式。服装批发市场的竞争也不例外。在十三行，像小叶那样在两三年时间就能赚几百万、几千万元的批发商，个个都是"身怀绝技"。

吴先生既在十三行打过货，也在十三行做过档口、写字楼。他以前的一个东北客户高先生，也来到十三行做批发了，而且是用不算太多的资金投入在很短的时间内实现盈利。

十三行竞争最激烈的是9楼，人气最旺，租金最高，档次最高。高先生不像其他人那样，问中介哪里租金既便宜人气又高。他认为中介介绍的大都不靠谱。他之前打货的时候就了解了哪家生意好，哪家和自己风格差不多，所以，他直接让中介帮他找9楼的写字楼，只要有人出租，价格不是问题。

高先生以快时尚的模式操作，每天都有新款。他有专门的眼线观察市场，如果发现自己家的款式别人有就便宜处理，别人没有的就高价销售。重要的一点，老客户可以和高先生一起探讨款式的修改，价格方面在不亏本的前提下，老客户说了算。其实老顾客根本不会还价，他们只在乎好不好卖。如果卖得不好可以提前通知换货，高先生就这样把老顾客紧紧地抓住。

高先生只用了一两个月的时间就成功地由"二批"转型为一批，在十三行站稳脚跟。

温州人有着与生俱来的胆量和见识。有一个和吴先生同在十三行做服装生意的老板娘，和他都是温州人。老乡在新中国大厦一下子租了三四个档口，在不景气的市场大环境中敢这样做，需要不一般的勇气。

最近几年已经很少人像他老乡这么操作：一个冬季一款棉衣备货100万元。如果这个款式不好卖，直接降价，有的甚至赔本快速处理，然后再投 100 万元做另外的款，一直到做出爆款。

在别人眼里，老乡的家底厚，喜欢赌博式经营。吴先生认为不这么简单。老乡有她独到的生意经，在服装生意不好做的时候，大家都不敢备货，她自己疯狂地备货；在大家都觉得生意好做的时候，她就谨慎备货。棉衣的加工周期比较长，如果说要等到差不多要卖棉衣的时候去做货，可能时间上会来不及，所以很多有经验的老板会提前备点货。很多羽绒服大厂在夏天就开始备货了。

吴先生还有一个朋友，几年前做一款薄的风衣已经赚到 50 万元了，由于这个款太爆，几乎每个做这个款的厂家都赚到钱。朋友狠心一下，想一个款赚个一百多万元，又下单做几批货。因为生产有个周期，谁知道天气突然转冷，发现不好卖的时候已经刹不住车了，生产出来的货全部压着不动。结果，他原来赚的 50 万元不见了，还赔进去 10 万元。

这就是贪婪的苦果。十三行不少档口吃过这样的苦果。一不留神，赚钱的款反而不赚钱了。压货多，有些老板会慢慢卖，或来年卖。吴先生的老乡发现不好卖的就直接便宜处理，宁可亏本给顾客也不作为尾货处理。这样做可以快速回笼资金做新款。

十三行还有这样一群人，他们做档口，由朋友、亲人打理，自己不出面，做幕后老板。他们还有另一个身份，分别在全国各地的市场做"二批"。他们这样做，对一些十三行的同行冲击很大。

他们进驻十三行之前，先到中大布匹市场熟悉面料，到中大银岭广场学习打版和制衣的流程，到周边的加工聚集地找可以合作的工厂。

打个比方，A 在某省做"二批"好几年了，平时货走得不错。然后 A 到十三行开档，专门做自己风格的货。档口交亲戚打理，A 就负责找爆版、新版。通过几年进货和很多档口都合作过，一般他都知道哪家的货好卖，哪家有爆版、新版。有些新版还是人家没有在档口挂版的，只供给熟客的，等熟客卖得差不多了才挂出来，这样的版 A 也能拿到手。有些档口还专门找 A 来看新版呢。

A 把版交给自己在十三行的档口仿出来，头批做三五百件，一部分在十三行卖，一部分在自己的"二批"档口卖，两头走货。接着 A 再到各省做"二批"的朋友圈子里传播一下：某某档的货出得不错，跟某某家的货一样，价格便宜。

小欣原来在十三行上班。小欣的老板娘凭实力赚钱，平均一天出货两千件，其中有很多外国订单。老板娘也没有去抄袭别人的款式，前几年有一个爆红的韩国风格款就是她设计的。老板娘有很多爆款，一般会爆三年。

老板娘刚到十三行时才有几万元做本钱，而且都是借来的，几年时间发大财了。但像她这样的人，在 2012 年不好做的时候，都放弃了开档口，专注于工厂管理。2013 年老板娘重新出山，但只考虑网上销售。

之前，老板娘每年都会换不同的档口，看哪个楼层人气好换哪儿，或者是哪儿便宜换哪儿。像十三行一楼，前半区和后半区的叫价方式都是不一要样的，靠后面的档口都有浮动价格，前面靠大门的没有浮动价格。

老板娘出货到档口，报价给小欣，小欣都会加几元钱上去。老板娘乐死了。

在档口，小欣会把最不好走的款穿在身上，一穿就爆了。从来没有穿过的款，其中也有爆款。

发货有技巧，不过老板娘没有教过小欣，完全靠自己领会。有一段时间，老板娘在楼上有写字楼，在楼下有档口。一样的版，楼下也会出新款，真正出货了，版就不挂在墙上。楼上做打包客，楼下接订单和寻找新的客户。这样做，在楼上打包不容易让同行盯上。

老板娘是控货的，但她一个地方也不会只给一个人做。比如，在北京一般会有两到三个人做，但不是同一个商场。一个人做，价格会高些，但量会小些。再说，一个人做，他的竞争对手会买一件过来快运到广州，然后仿出来，把这家给做死，接着上家老板跟着倒霉。

　　有时候，老板娘故意要发货给两个客户。这样，可以制约一下不太合作的客户。

　　小欣说，打包客要想拿到多的货和好的货，就得和小妹搞好关系。把小妹得罪了，她就会发次品给对方，或者是把紧俏的货选择发给别人。小欣那儿还好，基本没有缺货的时候，和客户的关系也都不错。

第6章
批发市场的门道，会批就发？

批发市场拿货的基本规则

关于一级批发市场拿货的基本规则，我发出问卷的对象包含了"一批"、"二批"、买手和零售店主。这些基本规则具体到每个市场，要求各有不同，请大家以理解市场规则为先，切勿生搬硬套。

（1）服装批发市场分为打包和拿货两种批发方式，这区分了拿货数量的要求和价格的不同。对于打包数量上的要求，批发档口通常是同款拿满5件打包价给你。有些档口做得比较成熟，要求10件起打包，个别写字楼里也有要求20件起打包的，甚至更多。

（2）打包价和拿货价的区别。春夏装档口给你的拿货价是在平常的打包价上加3~5元，写字楼相对加的价格会高一些。秋冬装拿货价会在打包价上加5~10元，有些外套会加价10~20元，或者更高。总之是看商品单价去决定加价。

（3）如果你有一定的销量，一些档口会给你"优待的打包价格"，都不用你去跟他谈，一般为普通款相差2~3元为主，个别款相差5元也有。合作久了，其实还有很多优惠，比如可换款、调色、代卖，甚至签单都可以。

（4）市场换季上新版时一般都不在档口挂新版，优先给一些老客户或市场上的大客上版销售，主要是防止抄板。一些做诚信通或淘宝的有一定量，都是直接微信或电话配货，配好直接去档口的仓库提货。

（5）批发市场都是看人做生意，生意看人做。就如一些档口可以给淘宝店主或诚信通店主一件起拿货，而且给他们的是打包价。档口看你做实体店他可能就会要求你5件起拿才给打包价。小实体店通常只在市场上新款，补货肯定没有做网店的频繁。"二批"也会在市场补爆款。如果说做淘宝网店的，一般淘宝网店开始没有量，档口也会另眼相看。

（6）目前市场都是看你的量说话，如果你做网店或买手，可以直接先和个别档口合作，旁边的档口看你的生意做得还不错，都会主动和你搭讪让你过来拍照或拿样，一件也给你按打包价。

（7）市场上有一些比较专业的买手，是做洋行的，或直接从韩国、台湾等地过来的。他们用单反相机拍版，被批发市场的档主认为是网客而国内的买手目前用手机拍的多。网客都是先拍照，客户下单后过来拿货，可以一件起拿，跟网店客户的性质是一样的，价格就看档口和他们怎么谈。

（8）"二批"实体店主。做"二批"的以打包的形式拿货，价格是相对有优势的，如果是熟悉的档口一般单色5件起就可以拿了，有多个颜色的基本可以挑选颜色凑满10件，分码的也可以选码上，并且可以看到最新款。可能第一次合作看不到最新款。

（9）零售实体店主。零售店来"一批"市场拿货没什么优势：

- 拿不到打包价，很多生意好的档口量小根本不给拿货；
- 拿不到新款，档口挂版的基本是已经卖过一段时间和档口库存比较多的；
- 档口太多，没办法细逛，终究时间有限，不逛又拿不够货，来回一趟差旅费都不划算；
- 基本不能退换货。有质量问题都会换货。

（10）拿货要干脆，死缠烂打讲半天才拿几件的那种客户，一般是拿不到好货的。

（11）市场一直在变，拿货的规则其实是很灵活的。

我们再看看十三行具体的拿货基本规则。通过十三行市场，可以对其他市场的规则有一些心理准备。十三行的规则，要求属于比较高的。

（1）十三行档口老板对版的保护性是特别强的，因为这个市场的竞争太厉害，稍不留神新款刚卖两三天，别的档口甚至是隔壁的档口，以及沙河市场就有了。所以他们对拿货量是有要求的。这也许是档口对拿货者是否仿版的一个基本过滤吧。

（2）如果想在第一时间拿到新款，光靠在档口的观察是不够的，这需要你对货品适合你的档口有更多的了解，比如加上他们的QQ、微信等，这样方便掌握最新的信息。

（3）实体零售店主一般没有量的话，在1~3楼拿货比较多。写字楼的话一般要找人拼货才能吃下厂家的最低拿货量，不过现在很多厂家都在门口贴着禁止拼包拼货。

（4）中低端的货品在十三行负2楼到3楼。拿货需要注意的是，档口开的价格是看人的，没有一个标准。早上第一个开市价和最后关档价格估计是一天中最低的价格，具体还要看档口。老板娘亲自卖货的有可能少几元也给了。没有权力的小妹一般只能统一价格。

（5）4~12楼写字楼的拿货价格比较统一，大家不用担心价格不一样。

（6）13楼以上做代理的多，拿货要很多款式一起上，每个款式齐色齐码地上。一般情况下一个款式最少要20~30件，总数要达到100~400件不等。各个商家要求不一样。

7

非常具有诱惑力的隐蔽货源渠道，如何才能找到？

　　货源渠道的好坏是相对的，适合的才是好的。好的货源并不是万能的，三分货七分卖；但没有好的货源也是万万不能的，七分货三分卖。

　　很多新手对创业的自信心不足，寄希望于拿到便宜货，以便宜货来作为自己的心理支撑。他们总觉得外贸库存尾货是性价比高的衣服，而且时不时会有不可想象的便宜。所以，新手中找外贸库存尾货的相对多一些。

　　服装尾货，没有最便宜，只有更便宜。淘宝网上的货品足可以说明这一点。那些接触服装市场多年的人，更有资格拿到新手难以见到的便宜货。

　　服装行业有这样一些现象：

- 做实体的想做电子商务。
- 做电子商务的想做实体。
- 做实体的想到网上清货。
- 做网上批发或零售的想弄个实体店清货。

　　还好，他们属于边做边想。可是很多新手操做之前，就规划先做实体，接着再做电子商务，或先做电子商务，接着再做实体，然后就是网络和实体相结合，实体发展连锁。

　　想想倒是可以，生意要自己做起来才知道。他们都不知道现在，无论是

第6章
批发市场的门道，会批就发？

做实体零售还是做淘宝网店，到底有多少服装人很郁闷？在没有了解服装市场和模式之前，大多数的想法都不靠谱。

新手混网络、混圈子是入行的基础课。前几年很多人问，从广州火车站去沙河市场怎么走？对不起，不知道。即使是知道的，也不会说。我的回答是，自己去网上查。

服装人，我们要善于利用互联网，以及善于利用互联网的搜索功能。有人问我的问题，凡是互联网上可以搜到答案的，我都会回答："自己上网查。"

网络上服装的资讯和商机太多了。但像北京李先生所说的用搜搜找寻货源，发展客户，融入圈子和建立圈子，是先用先受益。就这么在网上弄弄，一样的图片，这边接到订单，那边就去下单采购，可以做到足不出户，年赚几十万元。当大家都知道这么做，泛滥起来，就很难再赚到钱。

有人在淘宝上开店，在1688网上找货源，也是足不出户赚钱。比如说做婴童用品，看到淘宝网上好卖的，就去1688网上找，然后进少许货来先卖。或者是在1688网上看到好卖的，就进一些放到淘宝网店卖。这样做是压了一点货，但压得不多。

像深圳、广州、上海、杭州等城市，有专门的网版市场。所谓网版市场，是指市场里面的档口专门做网络版供货给做淘宝店、诚信通的。淘宝店主、诚信通店主不用压货。档主基本上都会提供图片，淘宝店主把图片放上店铺，有买家拍下宝贝了再去提货。而且，还可以退货、换货。店主这么做虽然利润低些，但能低成本、低风险创业，而且非常锻炼人，新手可以借此熟悉服装行业和淘宝店、诚信通的操作和运营。这么做只是起步，熟悉了之后每个人都有自己进一步发展的想法。

但是这些城市里有不少想低成本、低风险通过淘宝、网批创业的人，都不知道有网版市场。这都是早几年就有的事了。其实，不只是网版市场，其他批发市场有些档口也这么做。在中高端的批发市场，知道哪里有档口从而这么做的人相对少些，把那些档口的货品放到淘宝网店卖，单品价格高，毛利率也高。

知道有这么一回事就行了，别太指望人家告诉你是从哪一个市场哪一个档口进货。这些信息，都要自己走市场、混圈子才能得到。

货源渠道有三种：常规渠道、特殊渠道、隐蔽渠道。

货源属于常规渠道的，店主就是个搬运工，从一个市场进货，到另一个市场去卖。很多人都这么做，常常碰到撞款、互相压价等情况，很难赚到钱。

所谓的特殊渠道，就是跟别人不一样的渠道，比如说：

- 量大的"二批"，直接到工厂下单。别人做不到，他可以做到。
- 远距离采购。东北批发商、零售店主直接到广东、浙江进货。有的店铺有专人长期驻扎在广东、浙江进货，能做到这样的就是特殊渠道。不能做到的，拿到的都是二手、三手的货品了。
- 人脉关系。有亲戚朋友在批发聚集地帮忙打货；有很多亲戚朋友在大型制衣厂上班，可以得到很多库存尾货资源；有亲戚朋友开工厂或做"一批"，可以得到具有价格优势的新款货品，等等。

什么叫隐蔽渠道？特殊渠道还有人知道货是从哪儿来的，相比之下，隐蔽渠道就是看到别人生意好，就是不知道别人的货到底从哪儿来的。没有人知道的特殊渠道也叫隐蔽渠道。

其实有一部分隐蔽渠道并不隐蔽，供应商都在市场里面，只不过他是控货的，而且不对外营业，只接待熟客和熟客介绍的空白地区的新客。其他人要找还真找不到。

要找到货源的隐蔽渠道，请记住三个字："四多，淘"。

四多：多走，多看，多了解，多比较。

淘：淘货，就是慢慢看市场，慢慢挑货。

两年前，我带服装创业商学院的学员考察市场。有一个学员是实体店的店主，很想找到隐蔽的货源，但他每到一个市场都是走马观花，随便走走就完了。考察市场最后一天，我们到广州石井镇的广大服装城。这是最后一站。

但这位学员才走半个小就回到车上休息，说没什么好看的。他还说要到旁边的锦东市场去看，要不不死心。我觉得他这么个看法，走多少个市场都没有用，所以没有同意他去锦东市场看的要求。

再过半个小时，另有一个学员回来，说在某条街某个档口看到了很便宜的外贸原单货。这个学员马上要求另一个学员带他去看。没多久，他打来一个电话，叫我不要等他了，他要慢慢挑货。

这就是"四多"和"淘"的重要性。有句话叫"好货不下地"，是指好卖的服装，基本上是货一到店铺就发完，有的甚至是仓库发货或工厂发货。所以，仅是粗略地逛市场，很难发觉哪个档口会常常有好货。只有走得多、问得多了，才有可能发现。这样的档口，别人也一样发现不了或难以发现，而当你发现了之后，那么对你来说就是拥有了一个货源的隐蔽渠道。

二级批发商通常都是往一级市场跑。和自己同一个市场的人大多数都往同一个一级市场跑，怎么才能做到自己的货品与众不同？

这是很多"二批"头痛的问题。他们为了找到独特的、有特色的货品，几乎天天逛市场，逛了一遍又一遍。光是多走多看还不行，还要多了解，多比较。这里面有一些窍门：

发现特色货品的窍门：

- 多跟档口小妹聊天。
- 多跟保安聊天。
- 多跟搬运工聊天。
- 多到仓库区去看。
- 多到物流发货区去看。
- 找机会认识快递公司的人。

做到了以上几点，就不愁没有货源的隐蔽渠道。山东某二级批发商，做批发的头一年亏了十几万元。后来聊天时听同行说武汉有个批发商在旺季的时候每天走小衫几千件。于是他就想办法认识这位武汉批发商。后来，经武汉批发商介绍，山东的"二批"也做这个厂家的小衫。才半年的时间，他就扭亏为盈。2012年，仅这家的小衫他就做了800万元的营业额。现在他春夏都不用来广州打货了，而是打电话直接发货。

我有一个朋友，在北京动物园聚龙市场做批发。他有4个货源渠道：

- 网批。在某网批平台上进青岛一个店主的外贸库存和网络版。
- 批发市场。直接到广州十三行进新款。
- 直接工厂下单。
- 人脉关系。广州有两个厂商朋友铺货。

北京朋友的货源渠道多，但货品比较杂，有裙子、风衣、衬衫、T恤等。虽然如此，但聚龙市场上午主做批发，下午零售多，所以他的生意还是不错的。尤其是有一部分货品直接工厂下单，让生意更上一层楼。

第 7 章

越来越多的商家参与起货，向供应链要利润

1

向供应链要利润：越来越多的商家参与起货

服装产品流通的三大要素：产品研发、产品生产、产品销售。

起货是下单生产服装的通俗说法。越来越多的天猫网店、"二批"、卖场、连锁店选择部分产品，甚至全部产品自己起货，他们的目的就是要从供应链上要利润。有的天猫网店既要起货，也要解决工厂管理短板，就直接参股、控股工厂，而不参与工厂管理。

起货并非适合每个服装人。每个人寻找到合适的货品以及适合自己的商业模式运营才是根本。起货对部分商家来说是一个必然的选择，但其他服装人都可以对起货做深入的了解。

很多人对起货的想法是生产成本降低，品质可控，货期保障，库存保障。实际上都是这样的吗？

1. 生产成本降低。

生产成本降低的前提是货品成本价不能太低，得一定有量。

如果是做沙河货，那么想什么办法都很难做到自己起货的成本低于市场拿货的成本。沙河老板大都有自己的工厂，部分工厂的工人是包年的。他们相当一部分档口单款走上几千件算少的，走上几万件才算得上是爆版，有的爆版能走上十几万件，甚至更多。他们靠量来赚钱：

- 面辅料的成本能降到最低，一部分面辅料是定制的。

第 7 章
越来越多的商家参与起货，向供应链要利润

- 生产速率快，每个车位单位时间内出货量大。曾有两个车位连续 24 小时做圆领 T 恤，出货 2000 多件。
- 工厂毛利和档口毛利合起来只赚一份的钱。

别人就算是自己有工厂，销售走不起那个量，面辅料成本、工价成本都很难达到沙河老板的水平，更别说外发到工厂加工的成本了。

这里说的沙河老板，比较典型，是具有代表性的，但并不代表所有的沙河老板都是这样。沙河老板也有炒货的，也有外发工厂加工的，也有走不起量的。就总体而言，要是仿沙河老板的版，做他们一样的货，真的很难达到降低生产成本的目的。

做十三行档口的货，自己起货比炒货或多或少有一些利润空间。做十三行写字楼、白马的货，自己起货比炒货更有利润空间。不过，批发市场里中高价位的货，有些面料、花色、辅料很难在市场上找到，有些工艺一般工厂做不到。

此外，真正的国外进口的服装，在国内很难找到同样的面辅料。以十件服装来计，国内生产的，有八九成的面料能在市场上找到；国外进口的，有四五成能在市场上找到面料算是运气不错的。

"二批"洪先生在东北做十三行档口这个档次的货。他的一个做网批的供应商专门做网上好卖的日韩风格的款。有一款连衣裙，供应商给他 37 元，洪先生卖得不错，自己到广州下单，第一批就做 500 件。工厂包工包料给他要每件 32 元。

这款连衣裙，他赚得还算少。有一款春装风衣，他 55 元拿货，发出去按批 78 元。自己到广州下单，工厂包工包料 45 元。之后，洪先生把熟客的价格降到 75 元，对其他客人依然按 78 元。成本降下来，毛利率就提高了，原先的毛利率（78 − 55）÷ 78 × 100% ≈ 29.48%，现在的毛利率（75 − 45）÷ 75 × 100% = 40%。

洪先生下单到工厂，成本下降，价格更有竞争力，客户越来越多，量也

越走越大。春款风衣的成本下来之后，仅一个月的时间，销量达到1000件，毛利至少3万元。而他的档口租金才2.5万元/月。

2. 品质可控。

散货市场，货品品质问题对一些店主来说是块心病。服装生产属于劳动密集型产业，绝大部分工序还是由人工操作，上点规模的工厂能做到流水作业，小的作坊只能整件作业或半流水作业。流水作业的品质还好控制些，整件作业的往往是不同的车位做出不一样的衣服。尤其是现在车位工难招，不稳定，做工水平参差不齐。

正是因为散货市场大部分的货品出自于小作坊，所以免不了有品质问题。"二批"、淘宝网等商家自己下单起货也将面临这个问题。

亦有品质非常不错的散货。要想提高品质，不是直接下单到工厂，然后亲自跟单或安排跟单员跟进质量那么简单，关键是找到一家做工不错的工厂。如果单量大，即便是做工不错的工厂，亦要安排一个人员负责跟单、查货。

对于有足够利润空间的商家来说，通过多支付一些工价，找做工不错的工厂合作，是完全可以的。我们常常听到淘宝网店卖家这么说："工价贵三五块钱没有问题，关键是要把货做好。"

3. 货期保障。

散货批发，淡旺季较为明显，旺季出货一般比较集中。而一批在新版推出首批货之后基本上是以销定产，根据市场情况返单，而不敢擅自囤货过多，所以就经常会出现供货不及时的情况。

自有工厂的批发商可以根据某款的出货情况及时调整生产安排。但在总的订单量远大于产能、外发工厂找不到或找到了外发工厂产能仍不能满足订单的时候，缺货现象不可避免。好不容易赶些货出来，先发货给中大客户以平衡关系，小一点的客户则只有等下去的份儿。

外发加工的一批，出货受到的制约因素更多。除非是包厂，要不一家工厂通常会有多个客户。即使是包厂，情况也是跟自有工厂类似。

如果一个厂所有的客户都在赶货，那么大家的货期都会受到影响。批发商通常会找多家工厂合作，但往往只能最大限度上减少缺货，而不能完全避免。在旺季，基本找不到随时有单随时能赶出来的工厂。

一级批发商的货期延误、缺货受到的影响：

- 当时的营业额没有了。
- 客户流失。
- 后续的营业额一样受到影响。时间就是金钱，版早一天出来，客户可能早一天返单。
- 新版有可能变成旧版，严重一点甚至变成死款，造成压货。

二级批发商、零售店的销售旺季之前必是"一批"的销售旺季。缺货比压货更可怕，不但适用于"一批"，也适用于"二批"和零售店。

作为"二批"和淘宝卖家等找工厂合作，也会碰到和"一批"一样的问题。

但如果供货商经常严重缺货，相对于他们，自己起货当然会缓解一下紧张局面。"一批"有众多的客户，考虑更多的是客户的主要需求，因此返单的产品在色和码方面未必能满足每个客户。如果自己起货，则可以根据自己所需要的色和码，以及数量来进行生产。

如果有固定的订单与工厂合作，工厂有固定的车位做自己的货，出货没有问题。但如果车位有限，那么在量上就很难满足。

做整件的小作坊，同时做很多个款，分配下去，就是几个车位做一个款。车位手头上的款没有做完，叫他暂停换新款来做，他配合的可能性不是很大。自己的厂或包厂，叫车位临时换新款做，配合的可能性会大一些。

如果不是单量少，出货就快。一个款只做100件，即使有好几个车位可以安排，但通常只会安排1~2个车位去做，而另外的车位则安排做别的款。假设每个车位平均每天出货12件，2个车位，一天只能出24件，得五天才能出完。为什么要这样安排？因为车位比较抵触一个款做一两天就完了，接着又做新款，又得重新熟悉其操作。车位比较喜欢出货量大的款，他们做熟了，效率提高，赚的钱就多。

车位整件作业，要想100件衣服在一两天内做完，必须同时具备两个条件：一是可以同时安排多个车位；二是这个单很急，急得可以让工厂将其他款的货期延误。

一样的款要做1000件，在车位可以安排的前提下，车间都会尽可能地安排，假设10个车位做，那么一天出货就是120件。如果单量大，出货量就大。

此外，在生产之前，做产前版，备齐面辅料等，生产过程中跟单和查货，可以有效防止货期延误。

4. 库存保障。

做网批和网零的店主深有体会：

- 货不敢上得太多，上多了积压的风险就很大。
- 只是挂版，客户下单的再去补货，经常碰到档口断货或断色断码。
- 少量采购，发现好卖了再去补货，也是经常碰到档口断货或断色断码。
- 冲销量的款，冲到一半，发现档口收版不做了。
- 冲销量的、搞活动的款，要么大量采购囤货，要么下单生产。

大多数的工厂生产需要一定的量。一个款几十件也做的厂也有，但比较难找。款多量少，如果有一单没一单的，工厂很难配合。如果有长期稳定的单，工厂还可以配合。一匹布具体可以做多少件衣服，得视具体情况而定，一般情况下，一匹布可以做六七十件衣服，做完一匹布不压布较为划算。工厂配合的话，可以做到先做半匹布，另半匹布压着，返单了再利用起来。如果没有返单，就留作开发新款用。

总而言之，量少，只能市场采购；长期有一定的量，起货与市场采购相结合；量大，下单生产可以综合预期销售、实际销量等情况来安排出货量和货期。

第7章
越来越多的商家参与起货，向供应链要利润

② 与工厂合作的具体方式

服装从设计到出厂的基本流程如下：

（1）市场调研→产品企划方案→设计图稿→纸样制作→样衣制作→审核→下单计划。

（2）车间接到订单→制订生产计划→物料采购→进入车间→前道→裁床→开裁→分包→下发流水车间→缝制→中查→后道→进成品仓库。

服装生产的基本流程主要分三部分：裁切、缝制、后整（道）。有的中间还有洗水、染色、印花、绣花、钉珠等。相当一部分工厂不是裁切、缝制、后整一条龙的，尤其是小型加工厂、小作坊，往往只有缝制车间，裁切和后整外发。小型加工厂、小作坊往往集中于一个地方，产业链及周边配套较为完善。

与工厂的几种关系：

（1）自有工厂：有长期稳定的单就可以考虑此种方式。适当控制工厂规模，出货量大时就外发，出货量少时就接一点外面的单做。

（2）固定几家工厂合作：最大程度上保证货品供应；品质、工价等可以多家比较；管理较为麻烦。

（3）固定一家工厂合作：管理方便；工厂有多个客户，生产安排会有冲突；旺季出货跟不上，货期延误的风险大。

（4）包厂：根据销量情况包一个厂或包多个厂；原则上工厂只做一家的货，在单量不足的淡季，自己补贴部分工厂开支，或允许工厂接其他的单；平时允许工厂接其他的单，但必须优先安排自己的单；当工厂不能满足出货要求时，亦可外发。

与工厂合作的具体方式：

（1）看样下单：工厂有设计开发部门，打出样衣来供客户选款下单。工厂会把设计开发的费用算在衣服的成本里面，这可以理解，因为自己开发产品也是有开支的。

有些工作室、版房只承接开发与打版，或者是卖版，如果有客户提出版和产品一起出，他们也可以做。有些工作室、版房，单卖版不干，必须连产品一起卖，他们对产品数有一定的量的要求，达不到量，他们不合作或者是不算买断版。如果不是买断版，工作室、版房就可以继续向第三方销售。

这些工作室、版房，有的跟工厂合作，兼顾工厂接单和自身盈利；有的就是工厂设的，专为工厂接单服务。

（2）来料加工：提供样衣、纸样，以及面辅料给工厂，也叫包工不包料。包工有几种说法：

第一，包头包尾：从上裁床切布到缝制再到包装出货，全部由工厂负责。中间如有绣花、钉珠、印花等工艺需要外发，可以商量是由工厂负责还是客户自己负责。头是指裁床（切）。尾也叫后整（道），包括查验、修剪线头、整烫、包装等。

第二，头尾不包：客户负责裁布，然后将裁片送到车间，车间缝制完毕，交给客户自己负责尾部。常见于一个工厂外发给另一个工厂。

第三，包头不包尾：工厂负责裁床和缝制，客户自己负责尾部。客户之所以这么做，有些是防止唛和吊牌的流失，有些是对外保密自己的品牌，等等。还有的客户把尾部揽回自己家做，是为了让他的客户参观，借此证明自己有厂。

第四，包尾不包头：客户将裁片交给工厂，由工厂负责缝制和尾部。一

第7章
越来越多的商家参与起货，向供应链要利润

是很多小作坊没有裁床；二是客户为了方便对裁片品质和数量的控制。

（3）包工包料：工厂负责采购面（辅）料、生产及成品出货。

这种合作方式加工费用会贵一些，但自己采购也会产生成本支出的。面料市场的水也很深，有很多市场的潜规则，不熟悉市场就不知道某种面料最适合在哪儿买，不熟悉面料有可能被面料商坑惨。尤其是远离加工聚集地的人下单，选择包工包料较为合适。

包工包料这种合作方式需要支付定金给工厂。来料加工一般不需要先支付费用，因为客户的面料都压在工厂。

此外，服装的产业链错综复杂。大厂的单外发到小厂，小厂的单外发到夫妻作坊。夫妻作坊有的只有夫妻两个人做车位，有的会多几个亲戚、老乡做车位，都是居住和作业在同一套房子。外招工人的工厂，工价的主要组成是员工的开支、工厂的开支，以及工厂的利润等，其中员工的开支包括固定人员（指导工、裁床、拉布、大烫、尾部、厨师等）的开支和车位人员的开支。而夫妻作坊，大都只做缝制这道工序，也有按要求做尾部的，他们没有固定人员，都是车位，车位的钱都是自己的，其他开支也没有外边的工厂多，赚取的利润也不需要外边工厂那么高。

夫妻作坊的做工不见得差，他们大都在大厂做过很多年的车位或车间管理。夫妻二人的半流水作业，效率比单个车位要高。外边的工厂乐意招夫妻档的车位就是这个原因。夫妻档拿到的工钱，基本上都超过单个车位两人的总和。

生产聚集地到处都贴有小广告，张贴的内容有招工、外发、接单、工厂转让等。夫妻作坊分布在哪一栋楼的哪一层，不接触是不知道的，有的人就在贴广告的地方张贴需求夫妻档合作的信息，有的人在招工时注明找夫妻档合作，争取将成本控制到最低。

工厂靠量来赚钱，也靠货期及相应的品质赢得订单。所以，大多数工厂会找一些小作坊或夫妻档合作，以便在自己车位有限的情况下，利用外发多出货。

3

各类货品的面料特点和生产特点

做服装生意，特别是在工厂下单时，一定要了解一些服装的面料特点和生产特点。

1. 梭织面料。

（1）梭织面料是将纱线由经纬两个方向相互垂直交织而成的布。有成品布印花的，也有成品时花色已织好的（色织布）。

（2）面料一般以长度为单位来销售。

（3）梭织布紧密、不透气，冬天外套的面料大都为梭织布。代表产品为衬衫。

（4）色织布的花色需要定制，而定制需要一定的量和生产周期。因此，用色织布做货不好控制量，不好卖的花色会造成积压，好卖的花色返单不及时。

（5）梭织服装产品往往工序多、工艺复杂，出货慢，工价高。像衬衫，包工包料出厂价在50元以下为中低档产品，50~100元为中档产品，100元以上的为中高档产品（这些数据仅供参考，因为花色设计、产品设计开发等没有一个固定的费用范围，不同的辅料和工艺，价钱也千差万别，下同）。

2. 针织面料。

（1）针织面料是利用织针将纱线弯曲成圈并相对串套而形成的织物，纱线形成线圈的过程，可以横向或纵向进行。针织面料大都是在成品布（坯布）之后、上裁床之前或在制衣过程中间染色、印花的。

（2）面料一般以重量为单位来销售。以每平方米克重来表示面料的厚薄。

（3）针织布有弹性，透气。代表产品为T恤、卫衣。

（4）大多数针织服装产品的工序不多，工艺简单，出货快，工价低。一般的翻领T恤包工包料的出厂价为25~35元，档次低一些的在20元以下，面料好一些、档次高一些的在40~100元不等（这些数据仅供参考，理由同上）。

（5）工厂接针织T恤单，大多数工厂要求单款两三百、三五百件，甚至更大的量。也有工厂一匹布也做（大概70件左右）。需要绣花和起菲林印花的T恤，生产数量少的话，分摊到单件的成本就高。

3. 毛织面料。

（1）毛织产品是利用天然毛纤维、毛型化学纤维或两类纤维混纺纱线，然后用横机交织制成各类毛织物的工艺过程，中间环节大概分为几个步骤：织片、缝盘、洗水、整烫定型、查补、包装等。毛织原材料一般分为坯纱和色纱，除色彩特殊要求或单量很大外，一般都采用色纱，出货快，成本相对低，操作灵活。

（2）面料采购一般是以重量为单位，按千克来报价。毛料分不同的支数，同一种成分的毛料，支数不同，价格也会不同。还有就是比较高档的毛料，不同的颜色价格也会有所不同。

（3）毛织物具有纹路清晰、手感柔软而有弹性、结构紧密、良好的保暖性能等特点。毛衣分功能性毛衣、时装类毛衣、休闲类毛衣、百搭毛衣等。

（4）毛衣相对于成衣，它的优点在于款式相对简单，而且前期成片的工序现在基本上是电脑机器代替，产能高。但后期工艺很复杂，出货比较慢。一般常用的纱线有精梳棉、假三七、兔绒、人造毛、羊毛混纺等。

（5）毛衣一般采用包工包料。由于毛衣原材料的价格跨度较大，所以出厂价格也相差较大，有 20~40 元的低档产品，40~80 元的中档产品，80 元以上的中高档、高档产品。烫钻、绣花、印花、钉珠等特殊工艺的成本另计。由于毛织产品制作工序复杂，所以工厂接毛织单，大多数要求单款两三百、三五百件，要求更大的量也有。外单加工一般是两个月的生产周期，内销单正常情况是 15~25 天。

4. 牛仔面料。

（1）之前的牛仔布都是梭织的织法。为了增加穿着的舒适度，近几年也开始有针织的牛仔布了。品牌牛仔一般都是特制的风格面料。牛仔布织造工厂最少要 5000 码以上才可以定织。

（2）牛仔布的采购有按米的，有按码的。一码等于 0.9144 米。内销单常用的牛仔面料的价格为每件 12~30 元。按现在的行情，大多数情况下 25 元/米以下的面料不算太好，25 元/米以上的面料才算是好面料。当然市场上也有用布头布尾的回收纱做的 7~8 元/米的面料。

（3）牛仔服装的工序就比较多。工艺较复杂的一条牛仔裤的成品要几十道工序才能完成。整个流程下来，出货一般需要 7 天的时间，复杂些的生产周期更长。现在下单，一百多条的量也有工厂做。

（4）常规的洗水分普洗、效洗、效磨、效漂，加之很多复杂的手工工艺，比如手擦、猫须、磨破、马溜、压皱等。近年比较流行的炒漂洗法是比较贵的，高档的洗水甚至一件达到 30 元洗水费，甚至更多。

（5）牛仔裤批发价 50 元以下算中低档，50~100 元算中档，100 元以上算中高档。

5. 羽绒服面料。

（1）市场上销售的羽绒服大多以尼龙塔夫绸和 TC 布（T 代表涤纶，C 代表棉，涤纶与棉的混纺，其中涤纶的比例大于 50%）为主，一般纱支密度在 230T（T 指经纬密度，在 1 平方英寸范围内，经向条数和纬向条数的总和）以上，250T 为最佳。230T 以下则很难保证绒毛不外钻。识别面料，先看其厚薄，一般情况下薄的较稀，厚的较密；其次是用手拍打，如有绒丝飞出，密度必在230T以下；再次是握住衣服某一部位稍用力揉搓，如无细小绒丝钻出，密度当在250T以上；尼龙绸面料都有一层涂料，其处理以亮、滑润、均匀为好。

目前的服装较流行轻量化，羽绒服面料也选用20D（D是"Denier"旦尼尔的缩写，是化学纤维的一种细度表达方法，是指9000米长的丝在公定回潮率时的克数，也称为旦数。D越大，表示纱线越粗）、15D，超细超柔的面料密度高达320T以上。

（2）普通羽绒服面料每米10元左右；高档的每米18元以上；90%的羽绒目前的行情是低价位水平，价格为27~28万元/吨（羽绒分多个等级，价格不一，而且有涨有跌）。

（3）据调查，2014年的羽绒服纯加工费，一般短款羽绒服为40~45元，中长羽绒服为45~55元，复杂工艺的羽绒服加工费为60~70元。另外，越到年底，加工费越高。

6. 士多布、布碎。

（1）士多布是指库存布。布碎是指批量生产后所剩余的布，也叫布头布尾。这些布的价格比正价布要低很多。士多布的品质参差不齐，数量有多有少。有些士多布外好里坏，有些则是一卷布里面有好几块不一样的布。

（2）士多布、布碎一般以重量为单位来销售。

（3）中山三乡镇和珠海交界的地方，是广东士多布、布碎最大的专业市场聚集地之一。中山沙溪镇布匹市场的库存布相当一部分来源于此。也有深圳木棉湾、中山厚山等士多布、布碎加工聚集地的工厂到这里采购。

（4）部分士多布、布碎制作的成衣，可以当作正价布的产品销售，大部分士多布、布碎制作的成衣价格比较低，主要是限于面料的档次、花色和品质缺乏时尚。有商家专门用士多布、布碎制作成衣销售。也有商家掺少量士多布、布碎做的成衣，或当特价销售，或正价销售赚取更大的利润。一些北方的客户直接到中山三乡镇采购士多布回去加工成衣服，批发或直接零售，利润空间更大。

（5）有的商家是定了款式再去找相应的士多布、布碎，有的商家是先买回来视面料的情况开发款式。

（6）士多布、布碎绝大多数不可以齐色齐码出成衣，而且不能返单、补货。

4 影响工价的因素有很多，工价并不是越低越好

影响工价的因素有数量、货期、淡旺季、工厂关系、品质、地域……

（1）数量。一次性下单数量少、工价高；数量大则工价低。散货的首批货往往量不大，而且车位是第一次做，工价会偏高一点。返单的工价一般可以适当降一点。当然，返单太少的量也降不了工价。

（2）货期。货期太急，会打乱原有的生产计划安排，甚至车位需要加班加点，损耗及其他成本也可能因为赶货而相应提高，所以工价会高一些。

（3）工序与工艺。工序太多，工艺复杂，单位时间出货量少，工价高。像翻领T恤比圆领多出来一个领子和一个胸筒，是要多收工价的；同是翻领，收袖口比不收袖口的工价高一点；有的工艺需要手工，而且一天才能完成，光这个工艺的工价就不低。

（4）淡旺季。在旺季，有时候就算给工价高一点也未必有工厂愿意接单，那时候工厂得优先安排熟客的单，以及容易出货的单。淡季的时候，大多数工厂低价接单，目的是为了养工人。

（5）工厂关系。一直跟工厂保持合作，有稳定的车位数做自己的货，新款下来货期有保障，工价也不会太高；临时找厂，货期难保障，而且工价高；包厂的工价不一定低；小厂的工价不一定比大厂的低。

（6）品质。对品质要求高，管理要求高，出货速度慢，返工可能性大，

这样的工价高。

（7）劳改农场。工价比市场价低不少。但劳改农场适合做量大、做工不是很复杂的产品，如 T 恤、牛仔裤等。像时装类产品最好不要放到劳改农场做，因为过程难以控制，容易出品质问题。

（8）专业厂。专门做梭织产品的厂对针织产品不够专业，给高一点工价叫他做针织产品也可能做不好，工厂把单接下来，说不准会外发出去。同是做针织产品的厂，如果侧重点不同，生产效率是不一样的。专门做针织 T 恤的厂，接 T 恤的单一般会比其他的厂少一两毛钱。

（9）地域。深圳、广州等地，因租金、水电、用工等成本高，工价高。汕头市的工价水平，要比深圳、广州的低。内陆省份、内陆城市的工价水平更低。深圳、广州的单，要发到内陆省份、内陆城市做，得有足够的货期。此外，要考察工厂的生产设备、做工水平和周边配套工厂、配套服务单位的情况。

（10）其他因素：有些工厂不想接某个单，就故意报高工价，等等。

经常看到淘宝、天猫卖家，拿样版到多家工厂报价，结果得到的结果都不一样，加工费有高有低。是不是报价越低越好呢？

1. 要多方面考察工厂，价格只是其中一项。

2. 一味压低工价，伤害的大都是自己，工价在一个合理的水平即可。像有些工厂先是报低价，接了单之后故意拖延货期，恶意提高工价；还有的工厂，客户给他什么样的价钱，他就做什么样的质量，结果造成了客户的期望与结果有差距。

3. 了解工厂（不代表全部的工厂）报价的基本情况，对工厂不同的报价、中间提价有个心理准备：

（1）一款衣服，如果工厂先问车位，那么他再在车位报价的基础上加上工厂的费用和利润，向客户报价。如果是工厂先报价，那么到了真正做货的时候，车位要价高了，工厂就少赚一些，车位要价低了，工厂就多赚一些。

（2）因为看到样衣只是凭经验估价，所以有可能工厂开始给的价钱有些低，车位做着做着，觉得不划算，就会提出提高工价。这时工厂觉得不划算，也会找客户商量提高工价。

4.了解工厂成本开支的一些基本情况，对比价起到一些参考作用。

（1）工价包括车位价和管理费两部分。普遍的行情是工价是车位价的两倍，比如，车位价是10元，那么工价就是20元。这是一个参考标准，并不代表所有工厂在任何时候都是这样。

（2）工厂的管理费部分包括厂房租金、车间损耗、工人食宿、固定工人开支等。所以，如果没有足够的车位开工，没有足够的出货量，工厂很难维持。一些小作坊之所以能够赚钱，是因为老板、老板娘既可以当指导工，也可以做裁床、烫工、尾部，甚至杂工和厨工。想想，什么岗位都要请人，是一笔多大的开支？

5 吴先生从菜鸟到老手的创业历程

很多人问,到十三行开档口好做吗?这是一个很"菜"的问题。我们谈论十三行开档口的盈利状况时认为,两成的人赚到钱,三成的人没赚钱或赚不到什么钱,五成的人亏钱。

每个人对赚钱的理解不一样。那三成没赚到钱或赚不到什么钱的人,其中一部分人是赚到钱的,只不过,他认为一年赚三五十万元不算赚。有的人则认为,能纯赚个二三十万元,也是赚。

我们谈论时也提到这样的问题:菜鸟入行,初生牛犊不怕虎,赚钱的几率大些;反观入行两三年的,选款、定版和做货时担心这担心那的,则很难赚到钱。

说是这么说。实际上,十三行是铁打的档口流水的档主,每天有人进有人出,其中有菜鸟也有老手。俗语说"男儿有泪不轻弹",但在十三行,有开档口的七尺男儿因亏十几万元、数十万元不等而当众哭泣。他们的结果,有的是亏尽所有积蓄,有的是负债累累。

这么一说,大家冷暖自知。这不是在泼冷水。十三行每天都有草根创造属于自己的奇迹。而两眼一抹黑入行的人,大都成为这些草根英雄的陪衬。他们的创业历程说明,成功一定有方法。

吴先生之前是百分百的服装菜鸟,为了谨慎入行,他花半年的时间考察市场。2011年8月15日，他在新中国大厦3楼租了个半档开业。档口租金为1.5万元/月，两押一租共4.5万元。

刚开始做成衣，赚不到什么钱。10月中旬吴先生觉得卖毛织的档口生意都不错，就转做毛织。做到春节前，不足两个月的时间，销售毛织产品2万件左右。整个秋冬季，盈利10万元。

吴先生总结经营秋冬季货品的得与失：

（1）入行之前，学习和考察是必须的。这样会少走弯路，降低风险，最大程度避免亏得一塌糊涂、难以翻身的局面发生。

（2）就算是学习和考察的时间再长，实际操作时仍要小心谨慎。很多细节问题，做的时候才能发现。如果之前接触和了解过相类似的情况，应对、处理问题就较为快速，不那么棘手。

（3）开始定位做成衣，因为没有客户基础，虽然产品定位符合档口那条街，但选款可以说还是以自己的想法为主导，更多是试探或想当然会有客户喜欢。成衣的款式没有优势，成本和供应链也没有优势。

（4）之所以转做毛织，一是看着周边毛织档口的生意好，二是有亲戚在大朗开外贸毛织加工厂。工厂在打版、生产起订量、货期和成本上给予支持。这就找到了自己的核心竞争优势。

（5）毛织厂提供一些版选择，结合市场畅销版的流行元素开发一些新版，新版投放市场的风险降低。毛织产品能走量，出一个小爆版就能销售五六千件。

（6）压货控制。预防压货是新手的重中之重，秋冬产品的库存在春节前控制在200件之内，算是成功的；但备货过于保守，客户下单经常供应不上，销售量打了一个大折扣。老手在备货与销售方面拿捏得较准。这就是老手与新手的区别，也是新手应该交的学费。

（7）个人经营的毛衫产品在不同的时间、天气，理想的出货节奏是：

开衫一般出货周期在8月中旬至10月上旬。8月北方客户过来拿新版，但南方毛衫还没完全入市，这时尽量控制在版多、量少，掌握好节奏，试探市场，积累客户，定位好产品类型。9月份，虽然南方的成衣批发不是最旺季，但对于毛织开衫来说很关键，这时开衫全面上市，正常出货的款和畅销款要根据销售情况适量备货。

套头毛衫（包括打底毛衫或内外穿的时装毛衫）10月上旬开始入市，这时随着天气转冷，开衫的版逐渐下去，冬装毛衣逐渐上来，但在厚薄上也要掌握好，10月至11月、11月至1月，大致分为两个周期，从薄到厚。

说到底服装还是吃天气饭，根据天气而变，所以常规做法之外因天气原因也有特例。2011年冬天是个暖冬，开衫卖到10月底，薄的套头衫卖到年尾，厚的基本就唱了几天戏，接着就春暖花开了。到了2012年1月，准备来年的货，毛衣开始打薄的版，成衣开始准备小衫。

吴先生在2011年有一个完美的收官。他对来年秋冬季货品的运作信心满满，甚至想过放弃2012年上半年做成衣，到下半年再租档口做毛织产品。

考虑到下述因素，吴先生还是决定涉足春夏装的成衣：

- 离开服装市场半年，担心对市场的触觉和敏感度变差。
- 半年后再入市，会流失一部分冬天做毛织、夏天做成衣的客户。
- 不熟悉全年产品的运作不甘心，不赚钱也要试一把，或许是一种机遇。

本书前面说到，在十三行，有人只做冬天和夏天最旺的几个月，不做淡季；有人只做自己擅长的冬季产品或夏季产品。

吴先生于2012年2月10日续租原来的档口，租期一年。这次是全档，两押一租共9万元。10天后，分租半档出去。

从年后租下档口到3月底，吴先生出货近4000件，其中有1000多件毛织产品是2011年客户的订单产品，其余为夏季新款产品。正常周转库存300件左右，实际销售3700件左右。

他的产品定位针对性较强，为日系大牌杂志款和网络版，产品本身要求外观、色彩、工艺、辅料做到1∶1，要有原版产品宣传模特图片，或明星同款图片挂在档口才能卖。如果没有图片,则卖不动。

吴先生的大多数产品采用锈花、钉珠工艺,辅料基本定做,缺点是生产周期长、成本高,返单不好控制数量和货期,优点是别人仿版难。也是基于工艺复杂、生产周期长的原因,产品的毛利能达到18元。

吴先生2、3月份的毛利:

毛织:1200件×12元/件=14400元;

成衣:2500件×18元/件=45000元;

合计:5.94万元。

他全年的租金(半档):1.5万元/月×12个月=18万元。前期有一段时间租全档加多1万元,实际全年支付的租金为19万元。

预估:4月份销量4000件;5月、6月销量4000件。按毛利18元/件计,4~6月的毛利为14.4万元。加上2月、3月的毛利,合计20.34万元。

虽然说生意是做出来的,不是算出来的,而且实际结果会跟预估有所偏差,但我们还是可以将预估的数据作为参考。在没有意外以及库存控制良好的情况下,不将交通费、日常生活开支等费用列入成本,那么在6月底之前,全年档口的费用都做出来了。下半年做秋冬装的毛利,再减去一年的交通费、日常生活开支等费用,就是全年的纯利。

吴先生上半年做成衣各方面都把控得较好,盈利的同时,也取得了宝贵的经验。他也准备改变原来的下半年单一做毛衣的计划,想再租一个档口做成衣。

接着继续分享吴先生控制库存的一些心得:

关于供应和出货:

(1)建立良好的供应链。销售多少出货多少,保证旺季不断货。

(2)掌握好出货的节奏,将成品库存控制在合理水平。

- 在2~3月份,日销量大多数是80~100件,那么日常库存控制在100~200件之间。在日销量突然增加到300~400件时,工厂可以在3天内达到日出货300~400件的产能。

• 在4月份，有可能在某个时间段内连续出现日销量300~400件，那么这个时间段内库存控制在800~1000件。要求：工厂的日产能稳定在300~400件；即使销量突然下降，800~1000件的库存量仍能在短期内消化，顺利恢复到正常水平。

• 在5~6月，日常库存控制在100~200件。

• 在7月，以清库存和接订单为主，基本不压库存，或日常库存控制在数十件的水平。

关于版的数量：

（1）起货并不是版越多越好。找版、打版，都需要成本付出。首批货品生产的成本，相对于返单生产要高一点。

（2）起货的版越多，压货越多，风险越高。

（3）合理控制版的数量。

广州市场的沙河商圈，一年能卖几十万件的爆款都有。十三行商圈，也有能卖几万件的爆款，但所占比例很少。市场的总体行情是走款不走量。

爆版一般建立在版多的基础之上。作为一级批发商，必须面对走款不走量的市场行情。在批发旺期，如果一个月只有五六个版推出，没有出现哪怕是销量只有1000件的所谓的爆版，那么总的流水会很低；如果一个月有十多个版推出，其中有10个版能销两三百件，那么销量就有两三千件。当然，这只是理论上的对比。

要做到推出的版至少都能销上两三百件，必须具备其中一些条件：版没有严重的问题；有一定的客户基础；需要一定的时间；必要时降低利润等。

十三行也有一些做时装的商户在4月份平均日销量两三千件。当然，更多销量的商户也有。他们有很多的"二批"代理客户，即使不好的版，每个客户也能销上一百几十件，那么加起来也有个两三千件。

菜鸟邹先生入行前都做了哪些准备工作？

之前说过"音乐教师刘先生辞去公职，1.2万元闯荡十三行"的案例。这是个特殊的案例：

- 当年豆栏街、故衣街的档租三四千元的也有。
- 做裤子的同学给刘先生铺货并且给予月结的政策。
- 1.2万元也只是起步，关键时候能借到资金周转。

现在一个人1.2万元闯荡十三行，不太现实。吴先生在2011年下半年进入新中国大厦，准备20万元，实际投入10万元。两押一租总4.5万元，货品周转投入不超过5.5万元。前期做成衣没有盈利，但也没有压货。后期做毛织，迅速走量并取得盈利。

吴先生的档口，服装产品日常备货三四百件，在1.5~2万元之间。生产的周转，以每天出货80件计，周期4天，约1.6万元左右。总共3.1~3.6万元。后面的毛织产品，档口备货及生产周转控制在2000件左右，单品成本价格为30~40元，合计6~8万元。工厂给予一定的结款周期，毛织产品的周转资金仍能控制在5.5万元之内。

这是个普通的案例，很多人可以做到。但实际的情况是，同样的资金投入或更多的资金投入，很多人在货品上压了很多钱，有的人甚至被货压垮，不得不退出市场。

压货过多的原因有：

- 合作工厂对单款产品首批生产量要求过高。
- 个人对产品或市场盲目乐观，头几款产品生产量过大，且走不动。
- 款多且走不动，还不断地推出新款想以此拉动销量，结果仍不尽人意。
- 多款产品销量不错，返单时在量上失控，结果因市场原因客户不再补货。
- 之前卖得不错的版，前面返单走得也还好，但某次返单后却突然间走不动，几乎所有的客户都同时在那个时间段不再补货。

服装创业商学院的学员邹先生，计划下半年辞掉年薪四五十万元的工作，进军十三行。他的一个朋友在新中国大厦开档口，2012年二三月份做卫衣套装，日均销量达两三千套。由于销量大，他朋友虽自己设有一个三四十个车位的工厂，但仍不能满足出货要求，就找了5个小工厂外发加工。

邹先生说："我做批发，也得开一个工厂，以保证供应链的稳定。"

邹先生的资金没有问题。但邹先生的这个观点我不敢苟同。对市场过于乐观的新手，要多举些反面例子，多泼些冷水；对市场过于悲观的新手，要多分析成功的案例，着重培养他的信心。

因此我建议邹先生多接触一些日销量在100件左右的档主和生意亏损的档主。

想一想，租一个半档，就算月租金是2万元，加上档口的交通费用及日常生活开支，一个月3.5万元绰绰有余。在库存控制良好的情况下，平均每件销售毛利是13元的产品90件就能保本，作为新手有什么理由一入行就要

第 7 章
越来越多的商家参与起货，向供应链要利润

求日销量上千件呢？况且，在十三行档主亏多赚少的现实中，新手日销量 90 件算不错的。

那些年营业额数千万元的档主，有较强的产品开发能力和供应链，还有一定的时间积累。光看到他们成功的一面，看不到他们成功的背后，然后盲目地复制和推广，大都会亏得很惨。

通常，没有稳定的渠道、销量的情况下，一入行就办厂的想法是不可取的。

办一个 20 多个车位的服装厂不需要多少钱，连设备和厂房押金，转让的二手厂 6 万元左右，新厂不超过 10 万元。开厂不难。但一旦运转开来，费用不低。

新手对开发、采购、跟单这块刚刚接触，需要耗费大量时间和精力才能做好，如果再加上工厂管理，就会顾此失彼。

刚开始，产品不成熟，渠道没有建立，销量极不稳定。而工厂，不管有没有销量，一些开支是必须的。像指导工、裁床、大烫、尾部、厨师等职位是发固定工资的，他们连同厂房租金、包吃包住的费用，至少 3 万元 / 月。

2012 年广州的行情，指导工月薪为 5000 元左右，裁床月薪为 3500~4000 元，大烫月薪为 3000~3500 元；每月包吃包住、或食宿补贴的费用为 400~500 元 / 人；20 个车位的厂房面积需要近 200 平方米，海珠区大塘村一带的厂房月租金为 25~30 元 / 平方米，康乐村、瑞宝村的厂房租金更贵。

车位工人是领计件工资的。有货做还好，要是没货做，他们肯定要去别的厂上班。给车位保底工资，那得亏多少钱？有些车位工给保底工资也未必肯留下来，因为上班干活的收入，都会比保底工资高出许多。

没货做工厂不留人，有货做再招人，那不现实。鉴于诸多情况，新手还是等时机成熟了再考虑开厂也不迟。即使开厂，也不要贪大求全，产能能够满足部分销量即可。碰上高峰期，找其他厂外发加工。

新手要起货，建议外发加工为先。

吴先生的毛织厂资源，让自己的投资控制在 10 万元以内，仅

为预算的 50%，而且还盈利了。与吴先生相比，黄先生没有任何工厂资源，而且投资约六七万元。他于 2010 年 5 月入市，当年也是盈利的。

由于资金不足，黄先生选择从十三行的红遍天市场做起，租的是半档，1 万元/月，两押一租共 3 万元。他也是彻底的菜鸟，入行之前跟其他档主跑了一个半月，熟悉找版、打版、面料采购、跟单生产等流程。入行后，先炒货起步，并很快尝试起货。

他以不亏的业绩度过 6 月、7 月淡季。依当年的市场行情，他 8 月份开始做毛织会赚得更多。因为是新手，也没有毛织厂资源，直到看到别的档口做毛织赚钱的时候，他才想到必须去大朗找毛织厂。

黄先生的毛织产品在 9 月份供不应求。从 8 月开始到 12 月，是毛织厂生产旺季。黄先生起货和炒货相结合，炒货防止断货，起货又争取到工厂六七万元的周转。

但在 2011 年，黄先生并没能赚到钱。4 月份，红遍天的档口到期，他就直接到新中国大厦做写字楼，由于产品开发能力跟不上，产品的风格、档次和红遍天相比跨度太大，结果是之前积累的客户没有一个延续合作。

在下半年生意还没有开始的时候，黄先生上一年的毛织客户就与他联系，希望继续合作。黄先生在 8 月份果断放弃写字楼，那时红遍天一楼已经没有档口出租，他就到沙河市场去做。凭借着对毛织产品的熟悉，以及老客户的基础，2011 年冬季他把上半年的亏损扳了回来。

做档口通常有两条发展路线：

（1）继续在档口做下去，三年五年，甚至六七年。产品要么是保持固有的风格、定位，并适当跟风市场。这么做，对市场流行趋势把握得较准，

第7章
越来越多的商家参与起货，向供应链要利润

顾客群体相对稳定，新版出来即使成不了爆版，也会有一定的销量基础，因此生意也相对稳定。要是某一年出的爆版多了，那么就有可能一年赚上几年的钱。

（2）做档口一定时间，积累了经验、资金，打造出一个团队，产品开发能力跟得上，供应链成熟，然后升级做写字楼。写字楼的产品毛利率相对较高，并且较有利于向接订单转型，发展地区代理商，打造自有品牌等。

做档口即使盈利，但在方方面面的积累还没有到一定程度的时候，切勿急于向写字楼经营转型，建议继续做档口，保持产品风格和定位的稳定性。积累、沉淀方为上策。

改变产品品类或改变产品风格和定位，是有风险的。新的货品会让自己丢失老客户，而且新客户凭什么放弃他原有的上家选择一个新的卖家呢？在原有产品无法突破，或者是资金、时间允许自己重新积累客户等情况下，方可考虑产品和模式的改变与转型。

十三行市场的一些特点：

（1）人流量大。大多数服装批发市场都经历起步、发展、鼎盛、衰落这四个时期。十三行也不例外，最近一两年有走下坡路的迹象。随着电子商务的发展，以及其他新商业模式的崛起，现场、现货、现金的交易模式会受到更大的冲击，但近两三年，十三行仍然还是优秀创业者掘金的地方。

每年都有不少人说"今年的生意比去年差"。这个话题说得多了就没意思，索性就不去谈论。面对这个问题，直接探讨如何入行、生存和发展更有意义。虽然说十三行的人流量在越来越多的时段比同期有所减少，但个人的生意在整个市场还是微乎其微的。换句话，仍保持比较大的人流量的时候，担心市场没有必要，专注于生意才是王道。

（2）产供销节奏快。具备面辅料有现货、工厂配合好等条件，24小时内可以完成找版、打版、采购、生产、出货到零售店铺上架。大多数货品从定版到出货只需要三四天的时间。

如果定版了不能尽快出货，要是别人抢先出货，自己赚不到钱还有可能压货。有档主因返单的速度慢一拍，面料买回来还没有上裁床，发现市场到处是自己的版，不得不取消返单，面料改做其他的版……这就是十三行速度，新款数量多，款式更新快，时间就是金钱。

（3）款式时尚。在市场的巨大蛋糕的诱惑之下，以及迫于市场的压力，他们总是想尽一切办法找版。在成熟的市场，有巨大的客流，好版就代表着销量和利润。

虽然服装生产逐步转移到其他省份，以及一些省份的服装市场在兴起等诸多原因，广州的市场份额将呈下滑之势，但广货在款式上的地位和优势还是其他市场不可替代的。即使广货的冬装在生产和销售上都不占优势，但款式仍是各地跟风的目标。而十三行的产品和款式，是广货的重要代表之一。

（4）适合小本资金创业。两押一租的交租方式，租半档、租边档，租1/4档的合租方式，30万元左右即可创业。有些人30万元以内创业，仍能生存、盈利和发展。

利用小本资金即可从事服装批发是一件不错的事情。但由于创业者资金实力不够，他们在起货上会受到很大的限制。广货均码居多，码数少，或码数偏小，为众多北方客户所诟病，创业者资金不充足是造成这种现象的重要原因之一。

有二三十个计划到十三行开档的学员，在培训后与我进一步交流具体的学习、操作细节，我建议他们熟悉产业链，像黄先生一样，跟着圈内的人跑上一两个月。做服装一级批发商，没想象中那么艰难，也没想象中那么容易。

打版、采购、跟单等流程，相对来说容易熟悉。像邹先生等，最为担心的是选款的眼光，并因此影响着自己入行的信心。

入行前的实习锻炼，注重于实战，有利于今后少走弯路，增强信心。我还建议他们跟开档的服装创业商学院的同学商谈合作，根

第 7 章
越来越多的商家参与起货，向供应链要利润

据同学货品的定位、风格等要求找版，让同学选择做货与否。同学选定版之后，自己独立完成打版、采购、生产跟单等流程。打版、起货的费用全部自己负责，少赚一点钱放到同学那里卖。

黄先生之前只是跟人跑，帮忙找布料、打版，一起到工厂熟悉环境。我对邹先生的建议和要求比黄先生那时所做的要高得多了。

一个款的成本在 30~40 元之间，做两个色、一个码，共 150 件左右，总费用为 4500~6000 元。也可以每个色做半匹布，成品的数量减半，共 75 件左右，费用为 2250~3000 元。另外就是两个色各半匹布的费用。这些布，留着返单用或开发新款用。

强调说明：只有处理好工厂关系，并且在非旺季时才能达到上述这么少的做货要求。

如果货不好卖，就找问题，分析原因。此外，还可以锻炼处理滞销款的能力。即使出现亏损也是值得的，这比真正开档口交的学费要少很多。最为关键的是，从实战中发现问题，然后予以解决，同时检验自己是否真的适合做服装"一批"生意。

邹先生从商场里买来三件裙子准备作为样衣打版。我看过后砍掉其中两款，理由是：

- 都 5 月份了，不能做面料太厚的裙子；
- 要从商业的角度去考虑做货。既然目标是先到十三行的档口做，那么商场的品牌货就有可能造价过高。

剩下的一个版，经过成本核算，发现成本达到 65 元。这样的货在新中国大厦 3 楼的档口很难走得动。最后通过改版，减少面料，简化工艺，把成本控制在 50 元左右才敢出大货。

以上成本还不包括打版的费用。如果一个版打出来，出货量不大的话，基本上赚不到什么钱。散货的打版，省了很多程序。品牌的打版就比较严谨，反复修改，成本就很高。不包含设计费用，像欧美的一些牌子，有时打版要花上数万元。国内的品牌，出一个也大都在数千元的范围。

散货打版，自己买面辅料，版房包出样衣和纸样，一般一百几十元钱出一个版，便宜的几十元也有。前几年，打版师一般有5000元月薪，车版师一般有3500元月薪，正常情况下一天出两三个版，费用一分摊下来，这两个人的费用都100元上下了。

商业版房追求利润，做散货的打版，单价要不起来，只有从量上打主意了。他们有时候一个纸样师一天能出七八个版。

此外，邹先生通过跑面辅料市场，还了解了很多采购中的注意事项。广州中大市场是我国最大的面辅料市场之一。卖辅料的人有的喜欢去轻纺城和新长江，有的喜欢去老长江。据说老长江租金便宜，因此辅料的价格也便宜。在老长江比较偏一点的档口定制辅料，一般不会出现仿品。这是地方偏，没人关注的缘故。

买面料时更要注意，里面有很多水分，炒货的面料商比比皆是，面料不足米、不足称等都是市场的潜规则。

邹先生的货做出来了。这是他亲自操作的第一个出大货的版，放在同学的档口销售。三个星期过去，只卖出两件，而且还是同学硬塞给客户的。客户对这个版反映的问题比较多，如太贵了，颜色不好，风格不对等。

就邹先生这种情况，我的看法是：

（1）新手最好从档口做起，但并不是所有的新手都一定要从档口做起，有的新手也可以先从写字楼做起。有的人对档口的货品品质不感兴趣，或者是找版的时候总是有意识无意识地倾向于写字楼那种档次的，这样还叫他们做档口不太现实，做不好的可能性很大。邹先生的个人喜好和眼光，可能更适合于找写字楼的版。

（2）个人找版眼光不行，可以请设计团队。但档口货毛利不高，在销量未知的情况下，养设计团队的成本非常高。而且，档口对版的要求当然没有写字楼那么高。建议邹先生直接做写字楼。

（3）写字楼与档口的费用对比（2012年）：

写字楼的半档面积跟档口全档面积差不多，租金也差不多。像新中国大厦6楼的半档和3楼的全档，租金大都是每月3万多。

设计团队包括设计师、设计助理各一名，现时行情两人月薪加起来1万元左右，可另加提成。写字楼的版要求多些，版的费用、人员的费用，还有场地费用等，每个月比档口多支出2万元左右。

假设：档口全档的每月开支为4.5万元，日均开支1500元（以每月30天计，下同）。写字楼半档的每月开支为6.5万元，日均开支约为2200元。

假设：档口货40元做出来卖55元，毛利为15元；写字楼货40元做出来卖70元，毛利为30元（说明，这里举例档口货和写字楼货成本一样，但不等于货品一样）。那么，档口每天卖100件平本，写字楼每天卖74件平本，写字楼的量比档口还少。

假设档口租的是半档，月费用减少1.8万元，为2.7万元，日均开支900元，那么每天卖60件平本，比写字楼少14件。总而言之，做档口（半档/全档）和做写字楼（半档），保本的出货量相差不大。

写字楼对版和现货的投入多一些，因此前期投入要比档口多。多投几万元对邹先生来说是可以接受的。相比之下，做档口自己找版，邹先生必须辞职；做写字楼聘请设计团队，邹先生则可以不辞职。做写字楼就算是亏上二三十万元，他的薪水仍可弥补，不至于"损失惨重"。

我最后对邹先生说了这么一句话："这只是我的建议，你可以作为参考，做档口还是做写字楼，最终由你来决定。"

7

既没有工厂也没有档口，依然可以赚个盆满钵满

工厂有只接单加工的，有开档口自产自销的，也有做现货铺给档口销售的。铺出去的现货，大多数是大众的、不太容易过时的、能走量的衣服，像衬衫、裤子、T恤、羽绒服等。

像东莞石龙镇的一些工厂做圆领T恤加简单的印花，铺货给沙河的档口做，货品低档，利润空间小，但走的量相当大。

时装类风格太多、仿版太多、更新太快，做现货铺出去有难度。首先是找客户难，在成千上万个档口中找到做一样定位的客户本不是件容易的事，找到之后，人家或是自己起货，或是另有合作伙伴，或是价格更有优势，或是款式更有优势，其中任何一个理由都可以把新的厂商拒之门外。除非是已经确定了合作的档口，为他量身定做符合他的要求的时装类产品。

其次是压货风险大。现货做出来，没有分销渠道或渠道有限，就变成了库存。不像衬衫、裤子、羽绒服等，卖不完的第二年还可以卖。时装类到第二年，大都会贬值，有的甚至动都动不了。在广州动不了的需要批量处理的货，大都是处理给海珠区昌岗路尾货市场。

话虽这么说，但这样的服装生意做成功的也不乏其人。不存在模式行与不行的问题，而是谁适合谁不适合的问题。

办工厂需要掏钱，开档口亦需要掏钱。有人或公司（团队）既不办工厂，

也不开档口，像这样的个人或公司（团队），我谓之专业起货。这也是无店铺经营的方式。

有一个设计师专门设计羽绒产品，然后接订单，一个冬天的销售额超过一千万元。羽绒产品，单品单价高，容易突破千万元的销售额。那么，之前讲无店铺经营时讲到的，有人专门从市场采购样衣回来组成一盘货，然后招商加盟和接单，还有就是工作室卖"设计+产品"，做得好的，也一样有上千万元、数千万元的销售额。

他们既没有工厂，也没有档口，依然可以赚个盆满钵满。

更有人做时装类现货出来，发货给固定几个档口卖，供不应求。不过，初期是先货后款，生意好了之后，大都是先款后货。

他们这么做之所以成功，我分析认为：

（1）在圈内有一定的人脉关系，而且关系都转化为现实的渠道；

（2）之前通过一些途径积累了客户或建立了渠道，比如说在别的公司担当与客户密切接触的职务、开过档口等；

（3）渠道是基础，核心是产品。有人做批发好几年，有十个左右的省级二批与其合作，产品都是铺出去卖的，但是一盘货下来，好卖的款少，不好卖的款多，限于现金流，最后不得不收缩业务，逐步砍掉一些合作伙伴，然后转为无工厂、无档口经营获得盈利。

具备了产品和渠道，这种模式能成功。要是新人一开始就做时装类现货这样弄，大都是"死"得很惨。新人入行，先从档口做起较为稳妥，如果不想一直做档口，等档口做好了，再撤档转为仓库发货。

总之，到了后面，可以不要工厂，不要档口了。

有市场实践经验，选款的眼光经市场验证过，有一定的渠道，那么我们看：

做两个版，每个版做两色，每个色做一条布，每条布60件衣服，首批货含开发、打版成本，出厂价是40元的货，费用是：2（版）×2（色）×60（件）×40元＝9600元。

做稍微上点档次的货品，利润空间大些，毕竟时装类的货品市场风险大些。40元的产品，铺货做到55元，毛利达到23%，也算过得去。

再次说明的是，数字是算出来的，而盈利是做出来的，所以以上的数据仅供参考。

同档口的批发商一样，他们大都不会一下子推很多的版，不好卖的收版不做，压货尽快处理，好卖的就返单，根据销售情况、市场情况适时推出新版。但是，档口批发商几乎每天都要开档口，档口一天没有生意，就得亏一天的租金。

专业起货没有租金的压力，想做货就做货，不想做货就休息。除了做货之外，还可以有充裕的时间做些别的事情。像上面所说的，240件货，铺三四个点批发，能卖完当然最好，能返单就是好上加好，一家好卖一家不好卖可以互相调货，都不好卖就平本清货。按最坏的打算，平本清货不行，无非就是折扣销售。但就算是5折也是亏4800元，相对来说风险也不是太大。除批发档口清货之外，实体零售卖场清货、地摊清货，以及网络渠道清货都可以考虑。

有新手提出要专业起货，不太靠谱。像邹先生决意要做批发，事先有限度的练练手是可取的。如果实在不想租档口，只想专业起货，那么先采取找版、打版，把版挂到档口上试试市场反应的方式，对版有感觉了，与档口磨合好了，再起货不迟。虽然说有档口接到单会私自生产，但也不是所有的档口都这样。新手这样做，总比自己盲目做货强。像前面说到的蔡骞，自己打版出来通过亲戚把版发给亲戚的客户，然后接单起货，仓库发货。因为蔡骞有亲戚这层关系，所以这样起步比较妥当。

更有新手提出专业起货，直接铺货给零售店主，那更不靠谱。

第 7 章
越来越多的商家参与起货，向供应链要利润

新手的本意是想跳过中间环节，货品直供零售店主，自己有足够的利润空间，零售店主也能拿到先卖后结、卖不动就退、进价低的货品，应该是双赢。实际情况远不是这样。

有不少拿士多布做 T 恤的小作坊，5 元做出来的货，10 元给大卖场代销，卖一件赚一件的钱，利润高，量只要不太少就行。等赚得差不多的时候，再把价钱降一大截下来，让大卖场清货。实际上这样操作他们还是能走量的，一是货品是简单印花的基本款，二是铺货到大卖场，而不是小零售店。

新手起货无论是做基本款还是做时装款，没有面料、工价的优势。量小，成本很高，可能比批发市场拿货还贵；如果量大，在没有成熟的渠道时，很快就会被库存压垮。实体零售店较为分散，拓展业务时会碰到定位相符的店铺难找的局面。零售店难上量，如果起货的版少，铺货量就少，相对成本变高；如果起货的版多，投的钱就多，那还不如直接到批发市场做档口。

认为起货之后铺货给实体零售店这种模式难做，是不是将货放到网络上推广，做网批更好呢？不好。新手自己起货做网批，还不如去做买手型网批。